住宅スケールからの

小規模鉄骨造のデザイン

同時に
考える

蘆田暢人・村田龍馬
Masato Ashida, Ryoma Murata

著

彰国社

JN022380

デザイン——刈谷悠三＋角田泰央 / neucitora

はじめに

—

本書は、比較的小規模な鉄骨造建物にまとをしぼって、設計・工事監理の実務に必要な基礎知識や納まりの要所を、意匠・構造双方の観点からまとめたものである。

規模として、大まかに言って、延べ面積500m²以下、平屋から3階建て程度までを、主な対象として想定した。これは、確認申請上「ルート1」の構造計算で扱うことができる鉄骨造建物の範囲とおおよそ一致する。用途は特に限定しないが、事例としては住宅、店舗や小規模なオフィスなどを多く取り上げている。

—

小規模な鉄骨造の設計は、簡単ではない。むしろ、意外に思われるかも知れないが、大規模な鉄骨造の設計よりも難しい面も多くあり、意匠設計と構造設計の綿密な連携が特に求められる。それは、建物が小さいがゆえに、スペースの有効活用のため躯体寸法をできるだけ小さく納める必要があることや、鉄骨をあらわし（仕上げ材で覆わずに鉄骨の柱や梁が室内から見える状態）で用いる機会が多くなることなどと関係している。計画初期段階での、ラーメン構造／ブレース構造といった構造形式の選択に始まり、設計中盤から終盤にかけては、意匠的にも構造的にも満足のいくディテールをつくるため、ミリ単位の調整が続く。

—

このような作業では、意匠設計者と構造設計者が自分の守備範囲に留まらず、互いの意図を十分に理解しながら設計を進めることが不可欠になる。このため、本書ではChapter 2（鉄骨造架構の基本を理解する）では構造、Chapter 3（鉄骨造の納まりのポイント）では意匠にフォーカスし、小規模鉄骨造に関する意匠・構造のノウハウをバランスよくお伝えできるよう配慮した。また、Chapter 4（小規模鉄骨造の事例）では、小規模鉄骨造の特徴がよくあらわれている16の事例を取り上げ、意匠と構造両方の観点から解説している。

—

本書は主に、設計実務を始めて間もない意匠設計者、構造設計者や、木造の経験は豊富だが鉄骨造は不慣れという設計者に向けた内容になっている。また、設計演習などで鉄骨造に興味をもたれた学生にもわかりやすく読んでいただけると思う。本書を通して、読者が意匠と構造のトータルな視点に立って、小規模鉄骨造の設計・監理を楽しんでいただけるようになれば幸いである。

—

2023年1月 著者を代表して 村田龍馬

CHAPTER ————1

鉄骨造の概要
鉄骨造ができるまで

本章では鉄骨造の建物がどのようにつくられるかを図解して解説する。

建物の設計や納まりを考えるうえでは、施工手順を把握し、理解することが重要である。特に鉄骨造は、仕上げやサッシの下地を事前に工場で鉄骨部材に取り付けておく必要もあるため、設計段階および工事初期段階において詳細な検討が必須である。

また、建て方が始まると一気に架構が組み上がるため、現場での躯体工事の期間が短いのも鉄骨造の特徴である。木造やRC造に比べ、全体的な工期も鉄骨造は短いので、短工期が求められる場合は、鉄骨造が選択されることが多い。

建て方と工期、両方向からの理解が大切である。

INTRODUCTION

鉄骨造が
できるまで

鉄骨造建築ができるまでの全体的な流れを、住宅の事例（「葛飾の趣居」）に即して解説する。

「葛飾の趣居」は、筆者が実際に設計・工事監理を行った地上3階の鉄骨造住宅である。

構造的には1階に1.8m、2階に1mの床段差があるスキップフロア構成であること、3階床の中央に大きな吹抜けがあり、床が2つの部分に分かれていることなどの特徴をもつ。本書では、各章の要所でこの事例を紹介しているが、多角的にひとつの住宅を読み解くことで理解を深めてほしい。

構造は、柱梁の断面寸法を抑えることを意図して、ブレース付きラーメン構造とした。柱は主に、H形鋼100×100×6×8、および角形鋼管（角パイプ）100×100×9（または12）、梁はH-200×100×5.5×8を中心に構成した。ブレースは、スキップフロアや吹抜けで分割される各床面の力を伝えられるように配置し、応力の大きさに応じて丸鋼（M20、M27）と平鋼（フラットバー9×75、16×100）を使い分けている。

地盤は、液状化も懸念される軟弱な砂質地盤のため、地盤改良（砕石パイル工法）を行ったうえ、べた基礎とした。基礎から地上1.4mまで、200mm厚のRC立上り壁をつくり、その上に鉄骨柱を載せる納まりとした。

図1に全体的な工程の流れを、施工図工程、製作工程、工事工程に分けて示す。工程は施工図→工場製作→現場工事の順に流れていくため（工場製作がないものもある）、たとえば現場で基礎型枠・配筋の工事を行っているときに、鉄骨製作図の打合せを行うという具合になる。工事監理ではこの一連の流れを把握したうえで、早め早めに現場とのやり取りを進めることがスムーズな工事につながる。

住宅：「葛飾の趣居」については、p.14に概要を示す。

008

図1│鉄骨造ができるまで

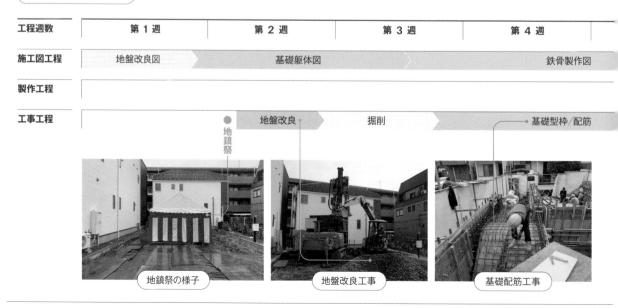

工程週数	第1週	第2週	第3週	第4週
施工図工程	地盤改良図	基礎躯体図		鉄骨製作図
製作工程				
工事工程	●地鎮祭	地盤改良 掘削		基礎型枠／配筋

地鎮祭の様子

地盤改良工事

基礎配筋工事

STEP ————— 1
基礎躯体工事

地盤改良工事が終わると、基礎躯体工事となる。基礎コンクリートの打設は、基本的にスラブレベルごとに行うため、この住宅のようにスキップフロアの場合は数回に分けて打設を行うことになる。今回は、①耐圧版（下）、②地下外壁＋耐圧版（上）、③立上り壁の3回に分けて打設を行っている。

図2│基礎工事の段階

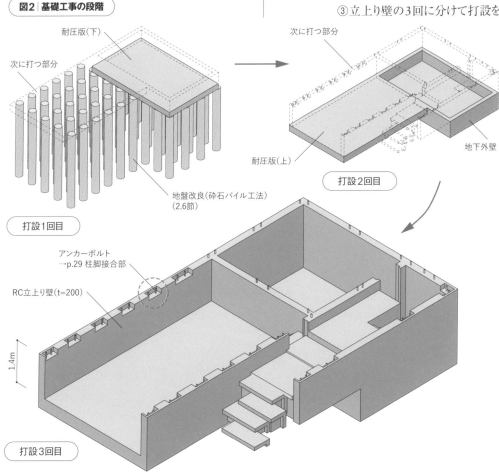

耐圧版（下）

次に打つ部分

打設1回目

地盤改良（砕石パイル工法）
（2.6節）

次に打つ部分

耐圧版（上）

地下外壁

打設2回目

アンカーボルト
→p.29 柱脚接合部

RC立上り壁（t=200）

1.4m

打設3回目

第 5 週	第 6 週	第 7 週	第 8 週

階段・ブリッジ図　　　　サッシ図

本体鉄骨製作

仮組検査

基礎打設／養生

配筋検査

アンカーボルトの位置の確認

基礎打設

寸法の確認

本 体 鉄 骨 工 事

鉄骨製作図の承認が終わると、鉄骨工場（ファブ）では材料発注→工場製作の流れとなる。鉄骨部材はできるだけ現場作業を減らすため、運搬可能なサイズまで工場で組み上げられる。下図に柱部材の一例を示しているが、実際にはすべて

図3 | 柱梁を色付けした図

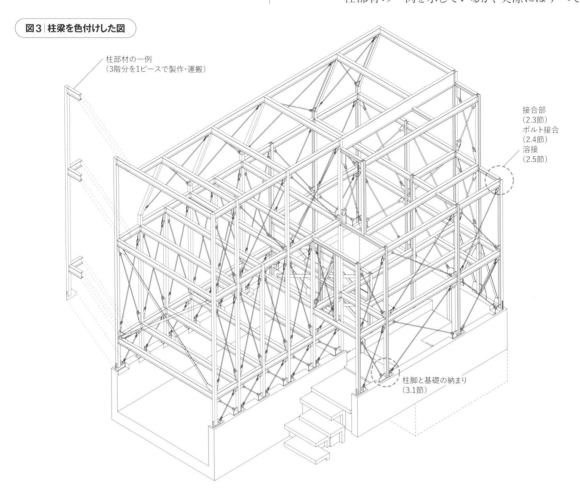

柱部材の一例
（3階分を1ピースで製作・運搬）

接合部
（2.3節）
ボルト接合
（2.4節）
溶接
（2.5節）

柱脚と基礎の納まり
（3.1節）

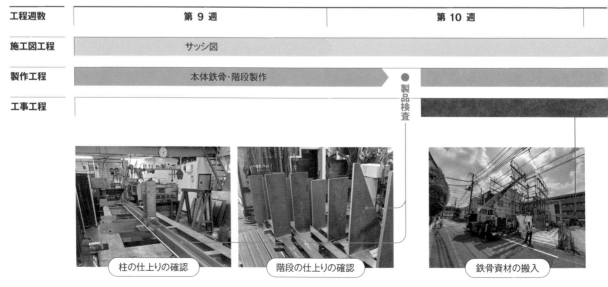

工程週数	第 9 週	第 10 週
施工図工程	サッシ図	
製作工程	本体鉄骨・階段製作	
工事工程		

製品検査

柱の仕上りの確認

階段の仕上りの確認

鉄骨資材の搬入

010

の部分がこのような柱部材と梁部材等に分けられて現場へ運搬され、建て方が行われる。

建て方は、まず柱梁を組み立てて仮締めを行い、ブレースが取り付けられる。垂直・水平の精度を確認したあとに本締めを行い、本体鉄骨は終了

となる。鉄骨造は建て方が始まるとその後は早く、本事例（葛飾の趣居）の場合、本体鉄骨の建て方は3日で完了した。鉄骨工事ではそのほかにも、階段や、外壁用の胴縁などが取り付けられる。

図4｜ブレースを色付けした図

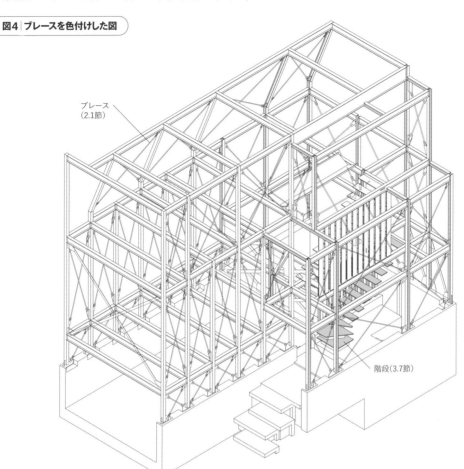

ブレース
（2.1節）

階段(3.7節)

第 11 週	第 12 週
手すり施工図	内装施工図
ブリッジ製作	手すり製作

本体鉄骨建て方・階段・ブリッジ・胴縁取付工事

● 建て方検査

上棟

本体鉄骨内部の様子

建て方検査の様子

　　　本体鉄骨工事

デッキプレート・床コンクリート工事

各フロアの遮音性能を確保するため、また屋上の防水下地として、床と屋根はデッキプレートを敷いた上に60mm厚のコンクリートを打設した合成床版とした。合成床版は床の水平剛性を確保することも可能である。

図5｜デッキプレート・床コンクリート工事を色付けした図

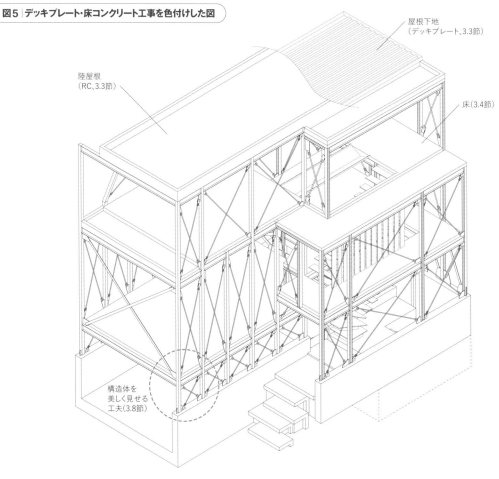

屋根下地
（デッキプレート、3.3節）

陸屋根
（RC、3.3節）

床（3.4節）

構造体を
美しく見せる
工夫（3.8節）

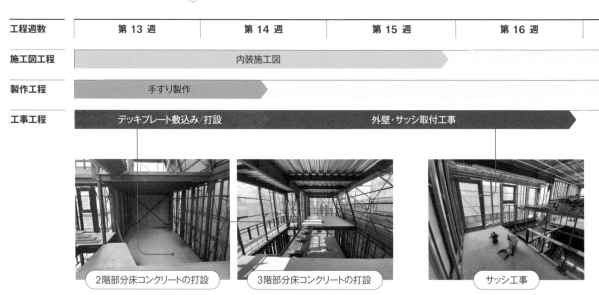

工程週数	第 13 週	第 14 週	第 15 週	第 16 週
施工図工程		内装施工図		
製作工程	手すり製作			
工事工程	デッキプレート敷込み／打設		外壁・サッシ取付工事	

2階部分床コンクリートの打設

3階部分床コンクリートの打設

サッシ工事

012

屋根・外壁工事

外壁は、鉄骨造で一般的に使われる押出成型セメント板と窯業系サイディングを採用し、塗装仕上げとした。これらの外壁材は振動などで動きやすい鉄骨造に適した素材である。陸屋根の防水も追従性の高い塩ビシート防水としている。

図6│屋根・外壁の工事を色付けした図

外壁：
窯業系
サイディング
（3.5節）

開口部：
スチール
サッシ

屋根防水：
塩ビシート防水
（3.3節）

胴縁：
C形チャンネル
（3.5節）

開口部：
アルミサッシ
（3.6節）

開口部：
スチール
サッシ
（3.6節）

外壁：
押出成形
セメント板
（3.5節）

外壁：
窯業系
サイディング

013

第 17 週	第 18 週	第 19 週	第 20 週	第 21 週	第 22 週	第 23 週	第 24 週

手すり取付工事　　電気・設備工事　　　　　　　　内装工事　　　　　　　　　●竣工

内装工事　　　　塗装工事　　　　竣工

「葛飾の趣居」

住まい手が趣味を楽しむことを重視して、計画された家。建物全体が3層のほぼワンルームになっているため、大きな空間の中に存在する、それぞれの場所を結ぶ動線が重要な要素である。壁から鉄板が片持ちとなる1階と2階をつなぐ階段や、T字形の柱と段板を一体化し、間仕切りにもなっている2階と3階をつなぐ階段、吹抜けを渡る鉄板を曲げてつくったブリッジなど、いずれも強い個性をもってワンルームの中に存在する。

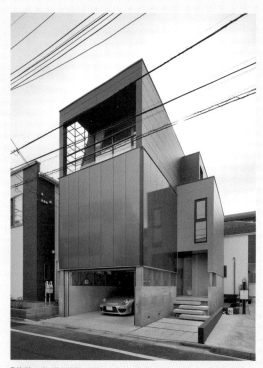

「葛飾の趣居」外観。間口5.9m、奥行10.1m、地上3階建ての小規模鉄骨造｜撮影=繁田諭

趣味室から階段方向を見る。
片持ちで支えられた繊細な階段｜→詳細は3.7節｜撮影=繁田諭

葛飾の趣居

所在地	東京都	設計	蘆田暢人建築設計事務所
主要用途	住宅		蘆田暢人・野田歩夢
階数	地上3階	構造	村田龍馬設計所
敷地面積	93.41m²		村田龍馬・小坂大和
建築面積	54.63m²	施工	栄港建設・渡井孝浩
延べ面積	142.80m²		

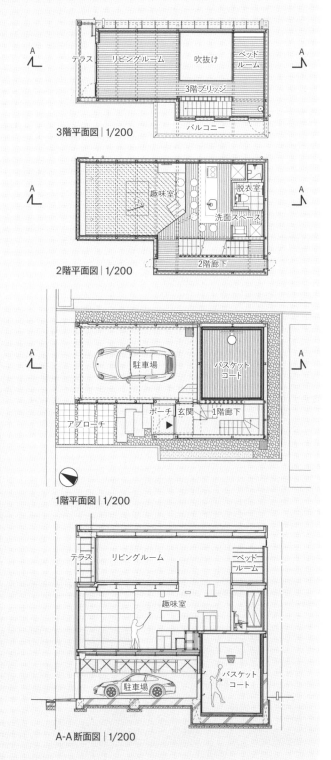

3階平面図｜1/200

2階平面図｜1/200

1階平面図｜1/200

A-A断面図｜1/200

014

純粋な
空間表現としての
鉄骨

ピエール・シャロー
Pierre Chareau

1883年8月4日−1950年8月24日
フランス出身の家具デザイナー・建築家。
アール・デコ期に活躍し、
特に家具や照明器具のデザインで知られる。
建築としては「ガラスの家」が有名である。
近代建築国際会議（CIAM）の
創設メンバーの一人。

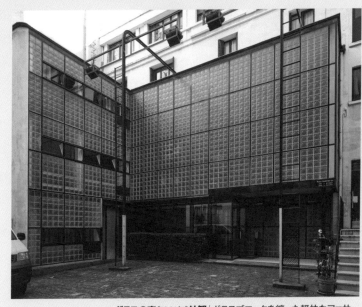

● **ガラスの家**［1931年］**外観**｜ガラスブロックを纏った軽快なファサードは、ヨーロッパの伝統的な組積造＋窓という関係から脱却し、鉄骨＋光の壁という、新しい建築の表層を生み出した。まさに鉄骨でしかできない様相が実現され、以降ガラスの超高層ビルなど、近代を席巻する新しい様式の萌芽となった。｜撮影＝August Fischer

015

「ガラスの家」と呼ばれる建築の設計で知られるピエール・シャローは1920〜1930年代のパリにおいて家具、インテリアデザイン、建築の3分野で先進的な造形を生み出し、近代建築への道筋をつくった建築家である。1883年フランス南西部・ボルドーに生まれ、パリに移ってきたシャローはイギリスの企業であるワリング・アンド・ギロー（家具会社）のパリ支店で製図工として15年ほど修業を積み、1919年第一次世界大戦終了後、除隊を機に独立することになる。この頃から「ガラスの家」の持ち主であるダルザス夫婦と出会い、親交を深めていく。夫婦は、シャローの友人でありながら、パトロンと思われるほど永続的な支援と彼の活動につながる出会いをもたらしてくれていた。その一人に協働関係を築いていた金属職人ルイ・ダルベもいた。彼と出会い、手工芸的な造形を照明器具や建築作品に取り入れていき、シャローは1925年パリ万国博覧会に参画して脚光を浴びる（フランス大使の館の書斎デザイン）。その後、レファンベール夫人のゲストハウスやツール市内のグラン・ホテルの内装（共に1927年）を手がけていく。シャローは建築の職業的教育こそ受けていないが、現場で修業を積みながら、家具デザインからインテリアデザイン、建築へと活動の領域を広げていった。

ガラスの家、紛れもなくこれがピエール・シャローの傑作である。と同時にこの作品は、近代建築史における鉄骨造のメルクマールのひとつと位置づけられている。それまで鉄骨造の建物は、1851年のロンドン万博で建てられた水晶宮のような、ガラスの建築を具現化するための構造体としてや、19世紀終盤にアメリカのシカゴで発展した超高層ビルを成立させるための構造体として採用されていた。つまりは、表現のためではなく、技術的な側面での鉄骨造の採用である。意匠としての鉄骨、あるいは表現のための鉄骨は、このガラスの家が先駆的な事例であったのである。ガラスの家の竣工は1931年である。

鉄骨の柱梁を構造材として機能させるだけでなく、空間構成上の主たる要素に据えた建築の実現は、その後フィリップ・ジョンソンの自邸・ガラスの家（1949年）やミース・ファン・デル・ローエのファンズワース邸（1950年）が完成するまで待たなければならなかった。

ガラスの家は、そもそもその計画内容も特殊である。既存の3階建てのアパートメントの3階部分を残しながら、1階、2階部分に3層の床をもつ鉄骨造の建物を挿入する計画であったのである。ここでは、その特殊な建築のあり方には紙面の関係上触れずにおくが、この特殊な建築条件であったがゆえに、鉄骨造が採用されたという側面も多大にあったに違いない。元々2層分の高さの中に3層の床を求められたため、シャローは吹抜けを活かした平面計画でその要望に応えた。その吹抜けは繊細なH形鋼の柱で支えられ、吹抜けの中庭側ファサードは鉄骨の柱梁の間に充塡されたガラスブロックで全面が覆われている。シャローはなぜ板ガラスではなくガラスブロックを用いたのだろうか。もちろん外部から見られることなく、光だけを内部空間に取り込みたかったということもあるだろう。しかし、おそらくそれだけではない、シャローは鉄骨を用いた新しい「壁」をつくりたかったのではないだろうか。

鉄骨の柱梁フレームに板ガラスをはめる場合はサッシを使用することとなり、それは開口部つまりは窓としての記号性をもってしまう。シャローは窓をではなく、鉄骨造が可能にする光の壁を実現したかったのである。その根拠のひとつにこのガラスブロックのファサード面には、換気や通風のための窓がない。近代になって発展した機械換気システムによって、居住空間の性能が担保されている。

シャローの鉄骨を使った表現はそれだけにとどまらない。柱梁、ガラスブロックのフレーム以外の階段や手すりなどが鉄骨の家具的なディテールと精度をもってデザインされている。鉄骨柱のジョイント部のボルトはあえて見せることで、鉄骨造であることを即物的に表現している。ガラスの家の真骨頂はこのディテールに現れていると言っても過言ではない。階段はささらと一体化した丸鋼によって、もはやはしごのような様相を呈している。床の端部の転落防止柵はスチールと木が組み合わされ、家具と一体化している。

パーティションもすべてスチールとスクリーンで家具的につくられている。建築と家具を鉄という素材を用いて一体的につくるという試みは、家具デザイナーとしても活躍したシャローの、まさに渾身の力を込めた建築作品であった。

鉄という素材が力学的性能から離れて、純粋な意匠的表現として使われたのはガラスの家が最初だと言える。

● **水晶宮**［1851年］｜ジョセフ・パクストン設計。1851年にロンドンで開かれた第1回万国博覧会のパヴィリオン。｜ Chadwick, George F.: *The Works of Sir Joseph Paxton*, Architectural Press, London, 1961

● **自邸・ガラスの家**［1949年］｜フィリップ・ジョンソン設計。同時期に建てられたファンズワース邸（p.47）が鉄骨を表現の主題に置いているのに対し、ガラスの家は鉄骨をガラスの枠として扱い、ガラスの箱を表現している。｜撮影＝Mark B. Schlemmer

● 参考文献：ポンピドゥーセンター、パリ国立近代美術館編、パナソニック汐留ミュージアム編『建築家ピエール・シャローとガラスの家』鹿島出版会、2014年

CHAPTER ———— 2

鉄骨造架構の基本を理解する

本章では鉄骨架構を設計するうえでの基本事項を構造実務の観点から整理している。

前半では、鉄骨の構造計画で最初の分かれ道となるラーメン構造・ブレース構造の解説に始まり、鉄骨構造を理解するうえで欠かせない鋼材と部材断面の知識を、特に小規模鉄骨造に焦点を当てて紹介した。さらに、鉄骨構造の要となる接合部（ボルト接合・溶接接合）の基礎的な事項を説明している。

後半では、鉄骨構造の基礎と、建築デザインとも関わりの深い混構造について説明を行った。基礎は、地盤に対してどのように設計するかがキーポイントとなるため、地盤調査結果の読み解き方に重点を置いて解説した。また最後に、鉄骨造の工事監理で実務上重要と思われるポイントを取り上げた。

鉄骨構造の基本

1———構造から見た鉄骨造の特徴

建築の構造材料としての鋼材の特徴について、ほかの代表的な構造材料である木材やコンクリートとの簡単な数字の比較から考えてみる。

比重は、鋼材の7.85に対して、木材は約0.4（スギの場合）、コンクリートは約2.3である。一方、強度（どこまでの力に耐えられるかを単位断面積あたりで示す数値、単位：N/mm²）は、鋼材（400N級炭素鋼の場合）では圧縮・引張りとも同じ235に対して、木材（スギ無等級材）では圧縮17.7、引張り13.5、コンクリート（F$_c$24）では圧縮24、引張り2.4となる。

強度を比重で割った値である「比強度」は、構造材料としての性能を測るひとつの指標となっている。比強度で比較すると、鋼材30に対して、木材44（圧縮）・34（引張り）、コンクリート10（圧縮）・1（引張り）となる。ここから、木材は鋼材と比べて強度は低いが非常に軽いため、比強度では鋼材を上回ることや、コンクリートは比強度が小さく、特に引

張りに対してはほとんど強度をもたないことなど、各材料の特性が少しずつ見えてくる。

また、鋼材は強度そのものが高いため、同じ力に対して木材やコンクリートよりも小さな断面で設計することが可能である。そのため、細い部材でシャープな構造をつくるのに向いているが、反面、座屈（細長い部材が圧縮力を受けて横にはらみ出す不安定現象）が生じやすいため、鉄骨造の構造設計では座屈をいかに抑えるかがひとつのポイントとなる。

次に、構造を考えるうえで重さや強さと並んで重要な、つくり方（組立て方）という視点からこれらの構造材料を比較してみると、「鋼材・木材」と「コンクリート」で根本的な違いがあることがわかる。つまり、鉄骨造や木造ではあらかじめ工場で加工された部材を現場へ運び、そこで複数の部材を組み立てて骨組が出来上がるのに対して、RC造の場合は現場で組まれた型枠の中に流し込まれ、あらかじめ部材内部に配置された鉄筋と一体になって固まることで骨組となる［図1参照］。

そのため、鉄骨造と木造では部材同士の接合方法が構造上のもうひとつのポイントとなる。木造部材の接合としては、古くから大工技術として継承

図1│鉄骨造（左）・木造（中）・RC造（右）の建て方風景

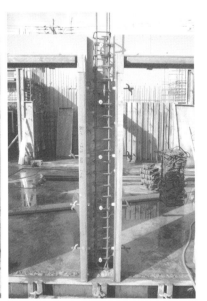

鉄骨造架構の基本を理解する

されてきたさまざまな仕口・継手がある。これらは、加工がしやすいという木材の利点を使って、ほぞや蟻のような加工を接合しようとする両方の材に施し、はめ合わせることによって接合するものである。現代ではプレカットマシンと呼ばれる機械による加工が一般的になっているほか、ボルトやビスなどの金物を併用した接合部が多く用いられている。木造の接合部では、圧縮力の伝達は木材同士を突き付けることによって比較的容易に行うことができるが、引張力やせん断力は一般に、元の部材（母材という）がもつ強度の半分も伝達させることは難しい。

鉄骨部材の接合は、ボルト接合に加えて、溶接が可能である点に大きな特長がある。溶接では、接合部に母材とまったく同等の強度をもたせることが可能であり、この点が木造の接合部とは大きく異なる。溶接が使えるため、柱と梁を剛に接合するラーメン構造（後述）が鉄骨造では広く用いられている。

2───建築基準法における 鉄骨造の位置づけ

鉄骨造の仕様規定は、建築基準法施行令第3章第5節（令第63条～第70条）に記載されている。ここでは、材料（第64条）、圧縮材の有効細長比（第65条）、柱脚（第66条）、継手・仕口等の接合（第67条）、ボルト（第68条）、斜材・壁等の配置（第69条）、柱の防火被覆（第70条）について規定されている。

また、構造計算については建築基準法第20条とそれに関係する施行令・告示に規定されており、その要点をフロー図の形に整理したものが図2である。鉄骨造の構造計算は小規模なものを対象としたルート1（1-1と1-2に分かれる）、高さ31m以下でかつ耐震上のバランスが良いなど、比較的取り扱いやすい構造の建築物を対象としたルート2、および、それ以外のルート3に大別される。本書で扱う小規模鉄骨造の範囲では、大部分はルート1-1で扱うことができる。

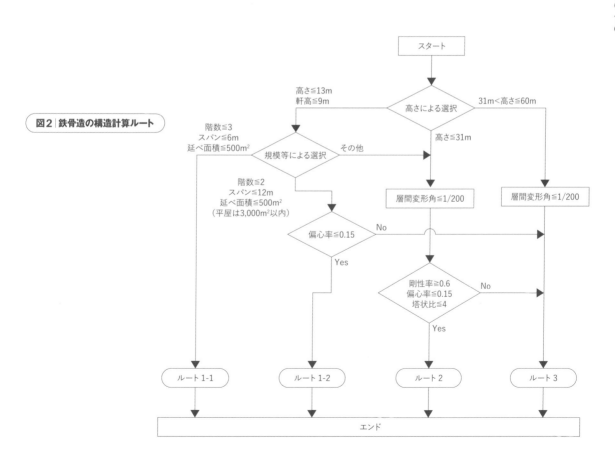

図2│鉄骨造の構造計算ルート

3───ブレース構造とラーメン構造

鉄骨造の設計では、ブレース構造とするかラーメン構造とするかが設計初期のひとつの大きな分かれ目になる。ブレース構造とラーメン構造の選択は、構造計画だけでなく建築計画全体や空間イメージにも大きな影響がある。まずは、力学から見た両者の基本的な違いから説明する。

建物の骨組は、重力による鉛直方向（下向き）の力に加えて、地震や強風など水平方向（横向き）にかかる力にも抵抗して建物が壊れないように保たなければならない。ブレース構造とラーメン構造は、この水平力に対する抵抗の仕方に違いがある。

この違いを理解するために、まずは図3（左）のような不安定構造を考えてみるとわかりやすい。本図のような、2本の柱と1本の梁がピン接合された骨組に水平力が作用するケースを考える。ピン接合とは、柱と梁の交点で回転が拘束されておらず、自由に回転可能な接合のことである。このような骨組は、水平力に抵抗することができず、容易に倒れてしまうことが想像できる。

これに対して、ブレース（筋かい）を入れることで水平力に抵抗させるのが図3（中）のブレース構造である。ブレース構造では、長方形の骨組が水平力を受けて平行四辺形になろうとする際に、一方のブレースが圧縮力、他方のブレースが引張力に対して抵抗することで、全体として骨組への水平力に抵抗する。

次に、図3（右）のラーメン構造では、柱と梁を剛接合することによって水平力に抵抗させる。剛接合とは、ピン接合とは反対に、交点の回転が拘束された接合で、骨組が力を受けて変形する際にも接合部は元の角度（直角）を保つ。

その結果として、水平力を受けた際に柱や梁自体が曲げられることになり、それらの曲げに対する抵抗によって骨組への水平力に抵抗する。

ブレース構造とラーメン構造では、接合ディテールにも大きな違いがある。図4にそれぞれの典型的な例を示す。まず柱と梁の接合（仕口）に着目すると、前述の通り、ブレース構造ではピン接合、ラーメン構造では剛接合となる。鉄骨で剛接合をつ

020

図3｜不安定構造（左）・ブレース構造（中）・ラーメン構造（右）

不安定構造
（柱梁はピン接合）

ブレース構造
（柱梁はピン接合）

ラーメン構造
（柱梁は剛接合）

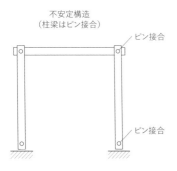

ピン接合

ピン接合

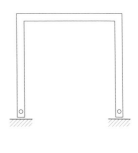

直角を保つ

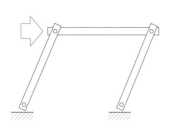

抵抗できず倒れてしまう

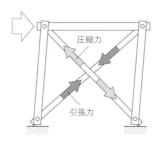

圧縮力

引張力

ブレースの圧縮力と引張力
によって抵抗する

柱梁の交点が直角を保つことで、
柱梁の曲げによって抵抗する

図4 | ブレース構造(左)とラーメン構造(右)の接合ディテール例

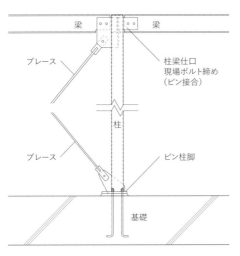
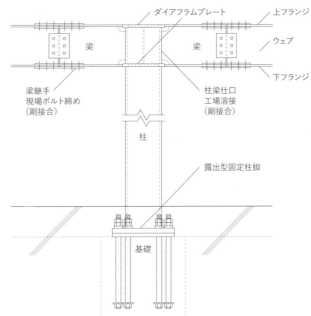

くるためには、梁の上下フランジおよびウェブをすべて溶接で柱に固定する方法が一般的である。梁フランジの力を柱に伝えるために、ダイアフラムプレートと呼ばれる鋼板が用いられる(詳しくは2.3節「鉄骨造の接合部」p.26参照)。一方、鉄骨のピン接合は、梁端部のウェブだけを柱とボルトで接合する方法が一般的である。そのため、剛接合と比べて溶接も少なく、簡易で安価な接合方法となる。

ラーメン構造と比べて、ブレース構造では地震時に柱・梁が曲げ応力を負担しないため、細くすることが可能である。特に小規模な鉄骨造では、ブレース構造の柱は角鋼や平鋼(フラットバー、p.24参照)を使うことなどによって、木造の柱よりも細い、サッシや家具的なスケールの小断面に抑えることができる[図5(左)]。一方のラーメン構造も、斜材や壁のない鉄骨造らしい空間を演出することが可能である。図5(右)の例は、ラーメン構造の柱梁接合部を工夫してすっきりと納め、室内にあらわしとした例である。

021

図5 | ブレース構造(左)とラーメン構造(右)の空間

Carina store | 設計=妹島和世建築設計事務所 | ©Kazuyo Sejima & Associates　　Steel House | 設計=能作文徳建築設計事務所 | 撮影=新建築社写真部

2——2
小規模鉄骨造で使用する鋼材と部材断面

1——鋼材の製造方法

鉄骨造建築で一般に使われている鋼材は、鉄鉱石・コークス（石炭を高温で蒸し焼きにしたもの）・石灰石などを原料としてつくられる。まず、鉄鉱石を粉状にした粉鉱石にコークスと石灰石を混ぜ、一定の大きさに焼き固めたもの（焼結鉱）が高炉［図1-1］（溶鉱炉とも呼ばれる）に投入されて、銑鉄がつくられる。

鉄の性質は含まれる炭素の量に大きく左右されるが、銑鉄には4〜5%の炭素分が含まれており、硬く脆い性質をもつ。これを粘りのある強靭な鋼にするため、転炉［図1-2］で酸素を吹き込み炭素分を燃やして除去する脱炭が行われる。転炉にはまた、ケイ素・硫黄・リンといった不純物を除去

するという役割もある。

一方、リサイクルされた鉄スクラップを原料として鋼をつくるプロセスもあり、この場合には電気炉が用いられる。一般的なアーク式電気炉では、電極と鉄スクラップの間にアーク（気体中を流れる電流）を飛ばし、その熱で鉄スクラップを溶かして精錬を行う。

転炉や電気炉で精錬された溶鋼は、連続鋳造によって帯状の鋳片に固められたあとに、ガス切断機で所定の長さに切り分けられ、スラブ（板製品用）、ブルーム（形鋼製品用）、ビレット（線材製品用）と呼ばれる中間素材［図1-3］がつくられる。これらの中間素材は、それぞれ加熱炉で再加熱されてから、圧延機にかけられて最終的な形状に整えられる［図1-4,5,6］。近年では、連続鋳造後の高温鋳片を加熱炉を通さずにそのまま圧延する「直送圧延」技術も広く採用されるようになっている。

最終的に、表面および内部欠陥の有無などについて、超音波検査などの非破壊検査や破壊試験による性能試験を行ったあとに、製品として出荷される。

図1│鋼材の製造工程

1：高炉│写真提供＝日本製鉄

2：転炉│写真提供＝日本鉄鋼連盟

3：中間素材│写真提供＝日本鉄鋼連盟

4：製品│線材│写真提供＝日本製鉄

5：製品│角形鋼管│写真提供＝ナカジマ鋼管

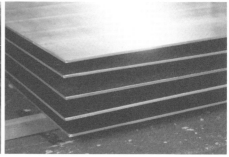

6：製品│板材│写真提供＝日本製鉄

2——鋼材の強度と種類

鋼材の強度は、降伏点と引張強さの2つが重要である。図2は鋼材が引張荷重を受けてひずみが増加していく際の、応力とひずみの関係を模式的に表したものである。

Aの降伏点までは、応力とひずみは比例関係にある。この区間を弾性範囲といい、荷重がなくなると、ひずみもなくなり、鋼材は元通りになる。

降伏点を過ぎてさらに荷重を受けると、応力が少しずつ増しながら引張強さBに達し（ひずみ硬化）、以降は応力が低下していき、Cで破断するという経過をたどる。降伏点を過ぎたあとは、荷重がなくなっても、ひずみはゼロにはならない。これを塑性化という。降伏点Aの引張強さBに対する比（A/B）を、降伏比という。降伏比は鉄骨構造が降伏してからの余力（ひずみ硬化の程度）を表す重要な特性値で、鋼材の種別により、最大値の規定が設けられている。

現代の建築物で構造用に使われる鉄材のうち、大部分は「鋼（steel）」であるが、一部「鋳鉄（cast iron）」も使用されている。鋼は、鉄鉱石を還元した銑鉄（炭素含有率4〜5%）から炭素を除去したもの（炭素含有率0.04〜2%）で、銑鉄と比べて強靭であるとともに、叩いて整形（鍛造）したり、曲げたり、延ばすなどの加工が可能である。一方、鋳鉄は銑鉄を鋳型に流したものである。鋼と比べて炭素含有率が高いため溶融温度が低く、鋳造しやすく複雑な形状を一体で製造しやすいが、脆く割れやすいという欠点をもつ。製法の改良によって強度や延性を高めたものに「ダクタイル鋳鉄」があ

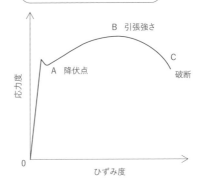

図2｜鋼材の応力−ひずみ関係

り、鉄管やグレーチングなど建築用途にも使われている。

鋼のなかでも、化学成分・物理的性質（密度やヤング率など）・機械的性質（降伏点や引張強さなど）による種類の違いがあり、設計図では記号によってその使い分けを示している。建築用構造材としてポピュラーな「SS400」と呼ばれる鋼材を例にとると、「SS」の部分が材の名称および対応するJIS番号（一般構造用圧延鋼材、JIS G3101など）を示し、「400」の部分が引張強さ（単位：N/mm²）を表している。さらに末尾にA・B・Cなどの材質を表す記号が付く場合もある（SN490Bなど）。鉄骨造でよく用いられる材としては、上記のSS材に加えて、SN材（建築構造用圧延鋼材）、STK材（一般構造用炭素鋼管、いわゆる丸パイプ）、STKR材（一般構造用角形鋼管、いわゆる角パイプ）のほか、BCR材（建築構造用冷間ロール成形角形鋼管）、BCP材（建築構造用冷間プレス成形角形鋼管）などが挙げられる。表1に鋼種記号とその機械的性質の一例を示す。

表1｜鋼材の機械的性質

記号	厚さ（mm）	降伏点（N/mm²）		引張強さ（N/mm²）		降伏比	延び		
		下限	上限	下限	上限	%	厚さ（mm）	試験片	%
SS400	16<t≦40	235	—	400	510	—	5<t≦16	1A号	17以上
	40<t≦100	215	—				16<t≦50	1A号	21以上
SN400B	6≦t<12	235	—	400	510	—	6≦t≦16	1A号	18以上
	12≦t≦40	235	355			80以下	16<t≦50	1A号	22以上
SN490B	6≦t<12	325	—	490	610	—	6≦t≦16	1A号	17以上
	12≦t≦40	325	445			80以下	16<t≦50	1A号	21以上
BCR295	6≦t<12	295	—	400	550	—	6≦t≦16	5号	23以上
	12≦t≦25	295	445			90以下	16<t≦22	5号	27以上
BCR325	6≦t<12	325	—	490	610	—	6≦t≦16	1A号	17以上
	12≦t≦40	325	445			80以下	16<t≦22	1A号	21以上

3———部材断面の種類

鉄骨構造で使われる部材断面は、鋼板、鋼管、形鋼、棒鋼の4種類に大きく分けられる。図3に代表的な部材断面の種類を示す。

鋼板は、文字通り板状の鋼材を必要な大きさに切って使うもので、小規模鉄骨造では1.6〜16mm程度の厚みが、比較的よく用いられる。ガセットプレートや階段部材のほか、そのまま床に用いたり、構造壁に用いたりするケース(鋼板構造)もある。

鋼管は、円形鋼管(丸パイプ)と角形鋼管(コラム・角パイプ)に分けられ、圧縮に強いという特徴から主に柱材やブレース材として用いられる[図4]。また、鋼管には高温の状態で成形される熱間成形鋼管と、常温で成形される冷間成形鋼管がある。冷間成形の場合には、鋼材がロール加工やプレス加工による塑性変形を受けることによる材料特性の変化に留意が必要である。

形鋼は、熱間圧延によりつくられる重量形鋼(H形鋼・I形鋼・山形鋼・溝形鋼など)と、薄い鋼板を冷間曲げ加工してつくられる軽量形鋼(軽溝形鋼・C形チャンネルなど。後者はCチャンまたはリップ溝形鋼ともいう。)の2つに分けられる。鉄骨造の梁は、H形鋼でつくられる場合が多い[図4]。山形鋼や溝形鋼は、軽微な小梁や仕上げ材の取付け用に使われるほか、組立材(いくつかの形鋼をボルトや溶接で一体化してひとつの大きな断面にしたもの)として使われるケースもある[図5]。

図3 | 部材断面の種類と寸法の表示法

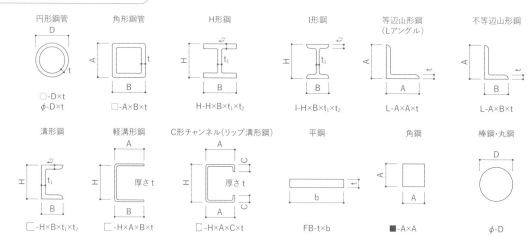

円形鋼管 ○-D×t φ-D×t
角形鋼管 □-A×B×t
H形鋼 H-H×B×t₁×t₂
I形鋼 I-H×B×t₁×t₂
等辺山形鋼(Lアングル) L-A×A×t
不等辺山形鋼 L-A×B×t

溝形鋼 □-H×B×t₁×t₂
軽溝形鋼 □-H×A×B×t
C形チャンネル(リップ溝形鋼) □-H×A×C×t
平鋼 FB-t×b
角鋼 ■-A×A
棒鋼・丸鋼 φ-D

図4 | 角形鋼管の柱とH形鋼の梁・ブレース

図5 | 組立材の種類

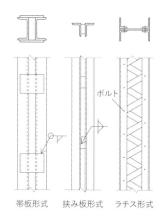

帯板形式　挟み板形式　ラチス形式

図6 | C形チャンネル(Cチャン)による壁・屋根下地

軽量形鋼は図6に示すように一般的に仕上げの下地材として用いられるが、小規模鉄骨造では主構造（柱・梁）として用いられる例（軽量鉄骨造）もある。

棒鋼には丸鋼や角鋼、RCに使われる異形棒鋼（いわゆる鉄筋）などがある。丸鋼は引張ブレースとして小規模鉄骨造でもよく使われている。

4——— 鉄骨部材の寸法精度

鉄骨部材は工場で生産される工業製品であるた

め、自然材料を扱う木造や現場作業の精度に大きく影響されるRC造と比べると、建築の構造材料のなかでもっとも寸法精度が高い。それでも、小さいとはいえ断面寸法の許容差は存在する（表2に例としてH形鋼の寸法許容差を示す）。また、溶接を行えば、熱によるひずみも避けられない。そのため、住宅などでミリ単位の設計をする際には、これらの寸法誤差（逃げ）を考慮しておく必要がある。

表2｜H形鋼の形状と寸法の許容差　　　　　　単位：mm

区分			許容差（JIS G 3136による）	摘要
辺（B）	400以下		±2.0	
	400を超えるもの		±3.0	
高さ（H）	800未満	辺Bが400以下	±2.0	
		辺Bが400を超えるもの	±3.0	
	800以上		±3.0	
厚さ	フランジ（t_2）	16未満	+1.7 / -0.3	
		16以上40未満	+2.3 / -0.7	
		40以上	+2.5 / -1.5	
	ウェブ（t_1）	16未満	±0.7	
		16以上25未満	±1.0	
		25以上40未満	±1.5	
		40以上	±2.0	
長さ	7m以下		+40 / -0	
	7mを超えるもの		プラス側許容差は、長さ1mまたはその端数を増すごとに上記プラス側許容差に5mmを加える。マイナス側許容差は、0mmとする。	
直角度（T）	高さHが300以下		辺Bの1.0%以下。ただし、許容差の最小値は1.5mm	
	高さHが300を超えるもの		辺Bの1.2%以下。ただし、許容差の最小値は1.5mm	
曲がり	高さHが300以下		長さの0.15%以下	上下、左右の曲がりに適用する。
	高さHが300を超えるもの		長さの0.10%以下	
中心の偏り（S）	辺Bが400以下		±2.0	$S=\dfrac{b_1-b_2}{2}$
	辺Bが400を超えるもの		±3.5	
ウェブ反り（W）	高さHが350以下		2.0以下	
	高さHが350を超え550未満		2.5以下	
	高さHが550以上		3.0以下	
フランジ折れ（F）	辺Bが400以下		bの1.5%以下。ただし、許容差の最小値は1.5mm	
切断面の直角度（e）			辺Bまたは高さHの1.6%以下。ただし、許容差の最小値は3.0mm	

小規模鉄骨造で使用する鋼材と部材断面

鉄骨造の接合部

1———鉄骨接合部の基本

大規模、小規模にかかわらず、鉄骨造の構造設計を行ううえで重要なポイントとなるのは、座屈（柱のような圧縮を受ける細長い材が横にはらみ出して、曲がって壊れる現象）と接合部である。鋼材は引張りに対しては非常に強い材料であるため、座屈や接合部での破壊に対してどのように対処するかによって、鉄骨構造の良し悪しが決まると言っても過言ではない。

ここでは接合部について述べる。鉄骨の接合部は、木造と同じく、仕口と継手に大別することができる。仕口は柱と梁の接合部や、ブレース端部の接合部のように、ある角度をもった2以上の部材の接合部であり、継手は梁同士・柱同士・ブレース同士のように、同じ方向の部材同士の接合部である。図1に鉄骨接合部で用いられる各部の代表的な名称を示す。

2———仕口（柱梁接合部）

柱と梁の接合部（仕口）には、柱・梁の断面形状（H形鋼・角形鋼管・円形鋼管など）や、剛接合かピン接合かの違いによって、さまざまなパターンが存在する。

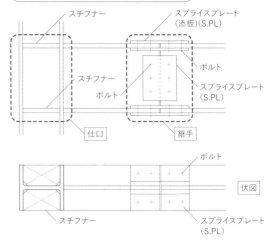

図1｜鉄骨接合部に用いられる部材の名称

- スチフナー
- スプライスプレート（添板）(S.PL)
- スチフナー
- ボルト
- ボルト
- スプライスプレート(S.PL)
- 仕口
- 継手
- ボルト
- スチフナー
- 伏図
- スプライスプレート(S.PL)

剛接合の柱梁接合部は、柱と梁が互いに曲げモーメントを伝え合うことができる形式で、ラーメン構造に使われる。剛接合の場合は、梁端部のフランジとウェブの両方が柱に対して溶接される。一方、ピン接合の柱梁接合部は、ブレース構造に用いられ、梁端部のウェブのみがガセットプレートなどを介して柱に接合される。図2に剛接合の柱梁接合部（柱：角形鋼管−梁：H形鋼）をつくるための3つの基本パターンを示す。このような柱梁接合部では、梁フランジの応力を円滑に柱に伝えるためにダイアフラムと呼ばれる補強プレートが必要であり、その入れ方によって、通しダイアフラム、内ダイアフラム、外ダイアフラムの3つの形式が使われている。

これらのなかでもっともスタンダードな接合方法

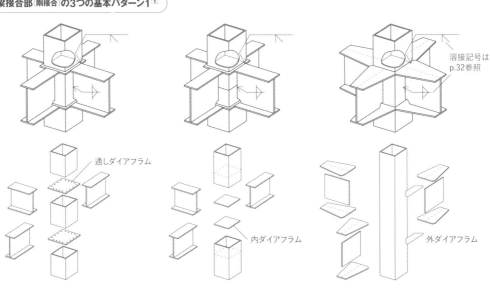

図2｜柱梁接合部（剛接合）の3つの基本パターン1[1]

溶接記号はp.32参照

- 通しダイアフラム
- 内ダイアフラム
- 外ダイアフラム

が、通しダイアフラム形式の柱梁接合部[図3]である。この方式では、柱に対してダイアフラムが勝って（通って）いるため、通しダイアフラムと呼ばれている。柱は上階・下階・仕口パネルの3つの部分に切断され、通しダイアフラムに全周突合せ溶接される。また、梁も同様に左側と右側に切断されたあとに、フランジと通しダイアフラムが突き合わせ溶接、ウェブと柱の仕口パネル部分が両面隅肉溶接によって接合される。通しダイアフラムの板厚は、接合される柱の肉厚や梁フランジの板厚よりも若干大きめにつくられる。

通しダイアフラム形式は、内ダイアフラム形式や外ダイアフラム形式と比べると柱の分割数が増え、溶接量は多くなるが、ひとつひとつの溶接作業が容易で、また力の流れが明快であるという利点がある。

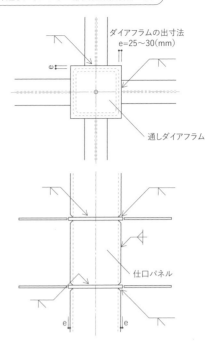

図3｜通しダイアフラム形式柱梁接合部の例

ダイアフラムの出寸法
e=25～30(mm)

通しダイアフラム

仕口パネル

3 —— 柱継手・梁継手

継手は、主として運搬上の制約（工場で組み立てた部材をトラックやトレーラーで建設地まで運ぶ際の最大寸法）によって分割された部材を、現場でつなぎ合わせるためにつくられる。基本的に部材同士を長さ方向に継ぐだけなので、仕口と比べると単純な接合部である。

H形鋼柱の場合であれば、両フランジとウェブそれぞれを高力ボルトまたは現場溶接で接合する方法が一般的に使われる[図4、5]。H形鋼の

梁も同様で、下図を90°回転したものと思えばよい。鋼管柱の場合は全周突合せ溶接が使われる[図6]。溶接作業のために、前もって柱の各辺にプレートを取り付けておき、一旦ボルトで接合して上下の柱同士を固定する。これをエレクションピースと呼ぶ。エレクションピースは仮設材であるため、溶接後に切断して撤去するが、通常はそのあとが少し残る。外見上まったく平滑に仕上げるためには、グラインダーで削るなどの措置を設計図で指示しておく必要がある。

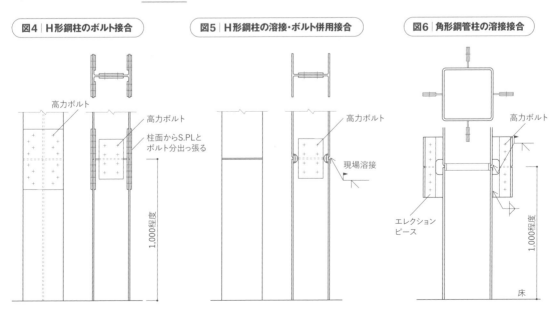

図4｜H形鋼柱のボルト接合

高力ボルト

高力ボルト

柱面からS.PLとボルト分出っ張る

1,000程度

図5｜H形鋼柱の溶接・ボルト併用接合

高力ボルト

現場溶接

図6｜角形鋼管柱の溶接接合

高力ボルト

エレクションピース

1,000程度

床

4───大梁と小梁の接合部

次に、大梁と小梁の接合部(仕口)について述べる。一般的に、小梁端部はガセットプレートと高力ボルトを使ったピン接合とすることがほとんどである。ガセットプレートの形状によって、図7の(a)〜(c)のようなバリエーションが存在する。

もっともよく用いられているのは、大梁に溶接されたガセットプレートと小梁のウェブを、高力ボルトの一面せん断接合で留め付ける(a)の形式である。(b)は大梁に溶接されたプレートと小梁のウェブを、2枚のスプライスプレート(添板)で挟み込んで、高力ボルトの2面せん断接合で留め付けるため、小梁に大きな力がかかる場合に接合部をコンパクトに納められる。また、(c)の形式はガセットプレートをテーパー状にするもので、小梁のせいが小さい場合(H-100×100など)、(a)の形ではガセットプレートが細くなりすぎる場合などに用いられる。ただし、小梁端部の下フランジを切り欠く加工が必要となる。図7(d)(e)は大梁の両側に付く2本の小梁を、連続梁として設計する場合の納まり例である。連続梁とすることによって構造的に有利に働き、小梁のせいを抑えられる。大梁の両側に小梁が付く場合でも連続梁とせず、単に(a)〜(c)のようなピン接合の仕口を両側につくることも可能であり、実際には加工の容易さからそのように納めている例も多い。

5───ブレース端部の接合部

ブレース端部の仕口は、ブレース材の断面によっ

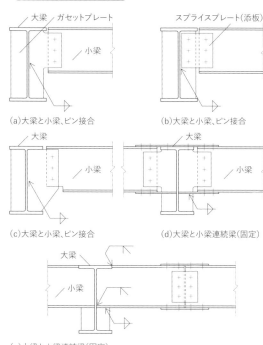

図7│大梁と小梁の接合部

(a)大梁と小梁、ピン接合

(b)大梁と小梁、ピン接合

(c)大梁と小梁、ピン接合

(d)大梁と小梁連続梁(固定)

(e)大梁と小梁連続梁(固定)

て接合方法が変わる。丸鋼や鋼管の場合には、図8に示すように、まず丸鋼などに短冊状のプレート(羽子板と呼ばれる)を溶接したうえで、ガセットプレートに高力ボルト接合する形式がとられる。溝形鋼・山形鋼(Lアングル)・平鋼(フラットバー)の場合には、図9のようにブレース材とガセットプレートを直接高力ボルト接合する。これらに対して、H形鋼の場合は全断面の軸力を確実に伝えるため、図10のようにブレース材を柱梁に溶接し、運搬のためブレース材の中間に継手を設けるケースが多い。

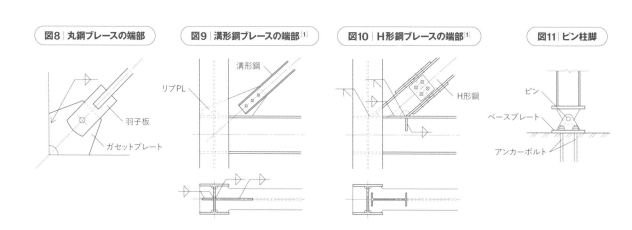

図8│丸鋼ブレースの端部

羽子板

ガセットプレート

図9│溝形鋼ブレースの端部[1]

溝形鋼

リブPL

図10│H形鋼ブレースの端部[1]

H形鋼

図11│ピン柱脚

ピン

ベースプレート

アンカーボルト

028

6───柱脚接合部

柱脚は、建物の自重や建物に加わる外力など、すべての力を基礎へと伝える重要な部分である。耐震上も、柱脚が壊れてしまうと、いくら上部の鉄骨が健全であっても建物の構造が崩壊したと見なされる。そのため、柱脚接合部は耐震要素として、耐力と剛性を適切に評価したうえで設計しなければならない。

柱脚の種別は、柱の脚部が自由に回転できるピン柱脚[図11]、ベースプレートとアンカーボルトを介して基礎に接合する露出柱脚[図12、13]、基礎から立ち上げられたRC柱に鉄骨柱を埋め込む根巻き柱脚[図14]、鉄骨柱を基礎に埋め込む埋込み柱脚[図15]に大別される。

ピン柱脚は、柱の脚部が基礎に対して自由に回転できるタイプの柱脚である。力の種類としては、軸力とせん断力を伝達する。ただし、図11のように実際にピンを配した純粋なピン柱脚は、やや大がかりなディテールであり、土木分野(橋脚など)や大規模な建築物の柱脚に使われるケースはあるが、小規模な鉄骨造では使用の機会は少ない。むしろ、図12(a)(b)のような、露出柱脚のなかでもアンカーボルトが柱の中心寄りに配置され、回転剛性が比較的小さいタイプの柱脚を、実務上はピン柱脚として扱っていることが多い。ただし、小さいとはいえ回転剛性がゼロではないため、その点に留意して危険側の設計とならないような配慮が必要である。具体的には、構造計算ルート1-1(p.19参照)の場合に限り、このタイプの柱脚で回転剛性をゼロとして計算する方法が技術基準解説書(p.48文献6、付録1-2.6)に示されている。

一方、図12(c)のような形状になると、同じ露出柱脚であっても、アンカーボルトが柱芯から離れて配置されているため、回転剛性が比較的大きくなる。このような形状では、計算で回転剛性を求めたうえで構造計算を行う必要がある。また、太径アンカーボルトと厚板のベースプレートを組み合わせて固定度を高めた柱脚[図13]が既製品として販売されており、使用する柱の径や板厚に応じた製品を選択することができる。これらの既製品ではコンクリート打設時にアンカーボルトがずれないように保持するためのアンカーフレームが工夫されており、精度の高い施工が行いやすい。

根巻き柱脚[図14]や埋込み柱脚[図15]は、鉄骨柱の脚部を根巻きコンクリートや基礎コンクリートの中に埋め込む形式である。これらの方法では、コンクリート打設前に鉄骨柱をセットしておく必要があり、施工の段取りや精度管理に注意を要する。しかし、露出柱脚と比べてより固定度が高いため、地震時の変形を抑えることが可能となり、結果的に柱を細くできる。そのため、小規模鉄骨造においても採用されるケースがある(Chapter4事例08「石切の住居」に根巻き柱脚、事例12「日比谷花壇」に固定柱脚がそれぞれ使われている)。またこれらの柱脚では、地震時に安定したエネルギー吸収を行うために、根巻きや基礎のコンクリートがアンカーボルトよりも先に破壊しないための設計上の配慮が求められる。

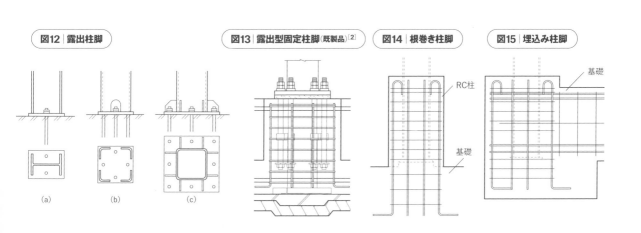

| 図12｜露出柱脚 | 図13｜露出型固定柱脚(既製品)[2] | 図14｜根巻き柱脚 | 図15｜埋込み柱脚 |

(a)　　　(b)　　　(c)

RC柱

基礎

基礎

ボルト接合

1——— 普通ボルトと高力ボルト

ボルト接合は、普通ボルト(単に「ボルト」、または「中ボルト」ともいう)によるものと、高力ボルト(「ハイテンションボルト」ともいう。「HTB」と表記されることもある)によるものの2種類に大別される。普通ボルト接合と高力ボルト接合では、力の伝達方法に根本的な違いがある。すなわち、普通ボルト接合は鋼板にあけられた孔に差し込まれたボルトに板が引っ掛かること(支圧)によって力を伝えるのに対して、高力ボルト接合はボルト張力で板同士を圧着させることで生じる摩擦によって力を伝える[図1]。

普通ボルト接合では、板とボルトの間の隙間(クリアランス)の分だけ、力が加わり始めてから支圧が効くまでにすべりを生じる。一方、高力ボルト接合では摩擦が効いている限りすべりは生じない。このすべりは、接合部全体として、ひいては建物全体としての剛性を低下させるため、普通ボルト接合では高力ボルト接合と比べて許容されるボルト孔径が小さく定められている(たとえばM20の場合、高力ボルトでは呼び径+2mm以下に対し、普通ボルトでは+1mm以下*)。また、普通ボルト接合が使用できる建築物は、軒高さ9m以下、スパン13m以下、延べ面積3,000m²以下の規模に限定されている。

実務上、現在では小規模鉄骨造においても、柱梁などの主要部分はほとんどの場合高力ボルトが使われており、普通ボルトは間柱や母屋といった2次部材や、サッシ・パネルなど仕上げ材の取付けに使われている。

2——— 高力ボルトの種類

高力ボルトは、S10T、F10T、F8Tの3種類が一般に用いられる機会が多い。F10Tが高力六角ボルト(またはJIS高力ボルト)と呼ばれるのに対して、S10Tはトルシア形高力ボルトと呼ばれる。高力六角ボルトは、JIS B 1186に仕様が規定されているJIS規格品であるのに対して、トルシア形高力ボルトはJIS規格品ではなく、メーカーごとに国土交通大臣の認定を取得してJIS規格品と同等に使用できるようになっている。F10TとS10Tではボルト頭の形状が異なる[図2]ほか、締付け方法に大きな違いがある(後述)。なお、F8Tは溶融亜鉛めっき高力ボルトであり、これも大臣認定品である。「10」や「8」の数字はボルトに使われる鋼材の引張強さの略号であり、「10」は1,000N/mm²を表す。F10TとF8Tでは引張強さの違いから締付けトルクも異なる。そのため、溶融亜鉛めっきの箇所では高力ボルトの耐力が若干小さくなることに注意が必要である。

図1| 支圧接合(普通ボルト)と摩擦接合(高力ボルト)

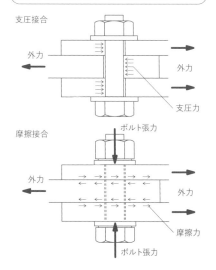

支圧接合

外力　支圧力　外力

摩擦接合

ボルト張力

外力　摩擦力　外力

ボルト張力

図2| 高力六角ボルト(JIS高力ボルト)とトルシア形高力ボルト[1]

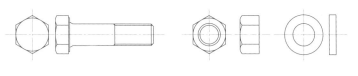

(a)摩擦接合用高力六角ボルト、ナット、座金セット

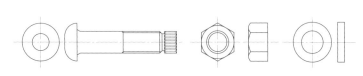

(b)トルシア形高力ボルト、ナット、座金セット

鉄骨造架構の基本を理解する

030

3 ── 摩擦接合面の処理

高力ボルト接合は、締付けに伴うボルトに入る張力によって鋼板同士を圧着させ、鋼板間に生じる摩擦力により力を伝達する方法であるため、摩擦力を生じる面（摩擦接合面）の状態が構造性能に直結している。摩擦接合面の具体的な処理方法は、溶融亜鉛めっきを行わない場合にはすべり係数が0.45以上確保できるものとして、発錆処理（表面に赤錆が付いた状態）またはブラスト処理（ショットブラストなどの方法で表面に凹凸をつくった状態）が、JASS6に規定されている。溶融亜鉛めっきを行う場合は、すべり係数が0.40以上確保できるものとして、ブラスト処理もしくはリン酸塩処理とすることがJASS6に規定されている。上記以外の表面処理による場合には、すべり試験を行うことによって設計上期待しているすべり係数がとれることを確認する必要がある。

4 ── 高力ボルトの施工

① トルシア形高力ボルトの施工

トルシア形高力ボルトには、ボルト頭と反対側の先端に「ピンテール」と呼ばれる部分が付いている。専用のトルクレンチによってピンテールを掴んで、ピンテールが破断するまで締付けを行うことで、ボルトに所定の張力が導入されたことが確認できる［図4］。施工手順としては、1次締め→マーキング→本締めの順に行う。1次締めは部材同

図3｜摩擦接合面の処理

士を密着させる目的で、ボルト径ごとに決められている締付けトルクを目安に行う。マーキングは、共回りや軸回りが生じていないことを確認する目的で、ボルト・ナット・座金・母材にわたってマークを施す。本締めは専用のトルクレンチを用いて行い、ピンテールの破断を確認する。

② 高力六角ボルトの施工

高力六角ボルトの場合も、1次締め→マーキング→本締めの手順はトルシア形の場合と基本的に変わらない。トルシア形の場合と異なるのは、高力六角ボルトにはピンテールが存在しないため、所定の張力が導入されたことを別の方法で確かめる必要があることである。そのための方法としては、ナット回転法［図5］とトルクコントロール法がある。これらの詳細については、JASS6を参照されたい。

* 日本建築学会では0.5mm以下と規定している。

031

図4｜トルシア形高力ボルトの締付け[3]

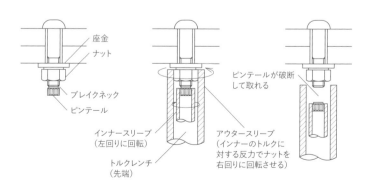

座金
ナット
ブレイクネック
ピンテール
インナースリーブ（左回りに回転）
トルクレンチ（先端）
ピンテールが破断して取れる
アウタースリーブ（インナーのトルクに対する反力でナットを右回りに回転させる）

(a)締付け前 　　(b)締付け中 　　(c)締付け後

図5｜ナット回転法

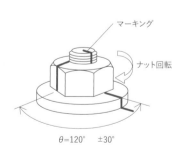

マーキング
ナット回転
$\theta=120°$ 　$\pm30°$

2 ——— 5

溶 接 接 合

1 ——— さまざまな溶接

溶接ができることは、鋼材という構造材料がもつ大きな特長である。溶接にはさまざまな方法があるが、そのなかのひとつである「完全溶込み溶接」によって接合された2つの部材は、それが一体であるのとまったく同じ強さが保証される。これは、接合部（仕口・継手）の剛性・耐力が母材と比べて格段に小さくならざるをえない木造と比べた場合の、鉄骨造がもつ大きなアドバンテージといえる。スレンダーな柱梁によって構成された軽快なフレームのような、鉄骨造が得意とする構造形態では、溶接が大きな役割を果たしていることが多い。

さまざまな溶接方法のなかで基本となるのは、隅肉溶接と完全溶込み溶接（突合せ溶接ともいう）である。隅肉溶接［図1］は、直角に（あるいは斜めに）交わる2つの面にまたがって三角形断面の溶接をつくるもので、板厚が大きい場合を除いて基本的に開先（溶接用に鋼材を斜めに削り取る部分）をとらない。隅肉溶接は、比較的小さな応力が作用する箇所に用いられ、母材がもつ100%の力を伝達することはできない。これに対して、完全溶込み溶接［図2］は柱・梁の継手や柱梁接合部など、大きな応力が作用する箇所に用いられる溶接方法であり、母材がもつ100%の力を伝達することができる。完全溶込み溶接は、隅肉溶接とは異なり板厚全体を溶接するため溶接量は多い。また、開先や裏あて金が必要となるなど、隅肉溶接と比べて手間のかかる溶接方法である。

プラグ溶接（栓溶接）［図3］とスロット溶接［図4］は、隅肉溶接の応用である。いずれも、重なり合った2枚の板を接合する方法であり、片方の板に穴（プラグ溶接の場合は円形の穴、スロット溶接の場合は長穴）をあけて、その穴部分に対して溶接を行う。溶接長が穴の周長に限定されるため、大きな耐力はとれないが、外見をすっきりと見せることが可能であるため、意匠性が重視される場合などに用いられる。ミース・ファン・デル・ローエ（コラム参照）の住宅作品などでは、柱梁の接合にプラグ溶接が多用されている。

フレア溶接［図5］は円形断面の部材に対して行うもので、鉄筋の継手として用いられるほか、丸鋼ブレースの端部をプレートに溶接する際にも用いられている。

2 ——— スカラップとエンドタブ

H形鋼の端部を完全溶込み溶接とする場合、フランジに取り付ける裏あて金を通すため（あるいは裏はつり・裏溶接を行うため）の開口を、ウェブに設ける必要がある。この開口のことをスカラップと呼ぶ［図6、7］。H形鋼のせいが大きければスカラップによる欠損は相対的に小さく、あまり問題に

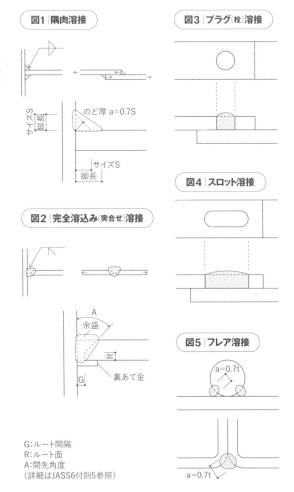

図1 | 隅肉溶接

サイズS 脚長 / のど厚 a=0.7S / サイズS 脚長

図2 | 完全溶込み（突合せ）溶接

A / 余盛 / R / 裏あて金 / G

G：ルート間隔
R：ルート面
A：開先角度
（詳細はJASS6付則5参照）

図3 | プラグ（栓）溶接

図4 | スロット溶接

図5 | フレア溶接

a=0.7t

a=0.7t

ならないが、小断面材の場合にはスカラップによるウェブの断面欠損に対する注意（欠損を見込んだ設計と、スカラップ寸法のコントロール）が必要である。なお、スカラップをつくらずに完全溶込み溶接を行う方法（ノンスカラップ工法）もあるため、状況に応じて採用を検討するとよい。このほか、完全溶込み溶接では溶接の始端と終端にエンドタブ［図8］が必要となる。鋼製のエンドタブは特に指定しない限りそのまま残されるため、鉄骨をあらわしにする場合は設計段階で裏あて金やエンドタブの見え方について検証し、必要に応じて裏はつり溶接や固形エンドタブ（溶接後取り外される）の使用を設計図で指示しておく。

3──溶接ひずみとその対策

鋼材は溶接時の熱によって膨張し、冷却時に収縮を起こす。その結果、反りや曲がりなどのひずみが発生する。溶接ひずみを完全に避ける方法はないため、なるべくひずみが起こらないように対策することと、起こってしまったひずみについては、熱を加えて矯正することで対処する。ひずみ

の起こりやすさは板厚と溶接量に関係しており、薄い板ほどひずみが生じやすい。そのため、たとえば、階段のささら桁のように目につきやすい部材をプレートでつくるような場合には、計算上必要な板厚が6mmであっても9mm厚の板を使用するなど、溶接ひずみを抑える工夫が必要である。

4──溶接欠陥とその対策

溶接欠陥には、図9に示すように、さまざまな種類がある。比較的影響の少ないブローホールのようなものもあるが、細長い欠陥や溶接の割れなど、耐力に深刻な影響を及ぼす欠陥もある。これらの欠陥が生じる要因としては、CO_2ガスの不足や乱れ、溶接部の汚れ、不適当な溶接条件（開先角度・アーク長・溶接速度）など、さまざまな原因が考えられる。溶接欠陥は、目視検査や超音波探傷検査(UT)によって発見、是正することが一般的であるが、工程管理をしっかりと行い、欠陥の原因を減らすことで事前に欠陥が発生しないように対策することが重要である。

033

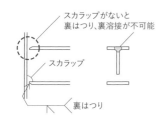

図6｜裏はつりのためのスカラップ

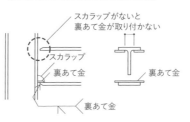

図7｜裏あて金のためのスカラップ

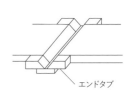

図8｜エンドタブ

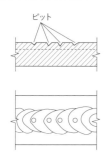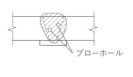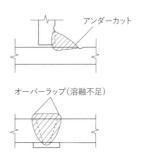

図9｜溶接欠陥の種類[1]

小規模鉄骨造の基礎

1———地盤調査の種類と進め方

地盤調査といえば、マンションやビルなどの比較的大規模なRC造・鉄骨造建物では標準貫入試験（いわゆるボーリング調査）、木造住宅などの小規模な建物ではスクリューウェイト貫入試験（以下SWS試験）が行われるケースが多い。標準貫入試験は、各深度での土の標本を採取するため、砂・粘土・礫などの土質を正確に把握できるほか、途中に硬い層があっても掘り進むため、支持層まで確実に調査を行うことが可能であるという長所をもつ。一方のSWS試験は、標準貫入試験と比べると安価かつ迅速に調査が可能である反面、土質の正確な判別は困難であり、途中に硬い層があるとそれより深くは調査ができないほか、そもそも調査可能な深度がおよそ10m程度までに限られるという短所がある。SWS試験は、以前はスウェーデン式サウンディング試験と呼ばれて

表1｜地盤調査の種類と特徴[4]　　　　文献4より抜粋

調査法	長所	短所	測点数	適用範囲（深度）
SWS試験	・調査費が安価である ・試験装置・試験方法が簡易で容易にできる ・深度方向に連続してデータがとれる	・礫・ガラなどは、貫入困難となる ・土質資料が採取できないため概略的な土質判定しかできない ・単管式ロッドであるため測定値には周囲摩擦の影響は避けられないので注意を要する	3～5点程度	10m程度
標準貫入試験	・過去のデータが多数蓄積されている ・深い深度まで測定できる ・地下水位が確認できる ・土が採取できるので土層の確認ができる	・軟弱な有機質土などはN=0となり、微細な判定はできない ・作業スペースが大きい ・費用が高額である ・打撃音がする ・SWS試験と比較して測点数が少ないため、地層の分布が把握しにくい	1点程度	60m程度
ラムサウンディング試験	・調査費が比較的安価である ・標準貫入試験の試験結果との整合性が良く、ほぼ正確なN値が測定できる ・貫入能力が大きく、N値に換算しても30～50程度の地層でも十分に貫入できるA ・ロッドをトルクレンチで回転させてトルク測定することによって周辺摩擦の影響を補正できる	・SWS試験と比較して測点数が少ないため、地層の分布が把握しにくい ・打撃音がする	1～2点程度	30m程度
平板載荷試験	・地盤の支持力を直接判定できる	・影響する地盤の深さ方向の範囲は、裁荷板幅の1.5～2.0倍程度である ・作業スペースが大きい ・費用が高額である ・深度方向の調査が困難	1点程度	0.6m程度（円形の載荷板幅60cmとして）

図1｜手動式試験器具の例[4]

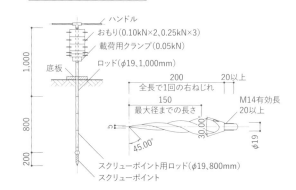

ハンドル
おもり(0.10kN×2、0.25kN×3)
載荷用クランプ(0.05kN)
ロッド(φ19、1,000mm)
底板
全長で1回の右ねじれ　200　20以上
150
最大径までの長さ
M14有効長　20以上
45.00°　30.00°　φ19
スクリューポイント用ロッド(φ19、800mm)
スクリューポイント

1,000　800　200

(a)手動式　　(b)半手動式　(c)自動式

図2｜標準貫入試験装置および器具の名称[4]

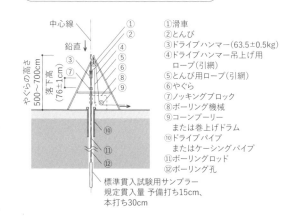

中心線
鉛直
やぐらの高さ
500～700cm
落下高
(76±1cm)

①滑車
②とんび
③ドライブハンマー(63.5±0.5kg)
④ドライブハンマー吊上げ用ロープ(引網)
⑤とんび用ロープ(引網)
⑥やぐら
⑦ノッキングブロック
⑧ボーリング機械
⑨コーンプーリーまたは巻上げドラム
⑩ドライブパイプまたはケーシングパイプ
⑪ボーリングロッド
⑫ボーリング孔

標準貫入試験用サンプラー
規定貫入量　予備打ち15cm、本打ち30cm

いた。また、これらの調査方法に加えて、使用頻度は少ないが、ラムサウンディング試験や平板載荷試験といった調査方法もあり、それぞれに一長一短がある[表1]。

本書が対象としている3階建て程度までの小規模鉄骨造の場合、標準貫入試験とSWS試験のどちらを行うか、判断が難しい場合も多い。敷地近隣の地盤データを事前に入手するなどして地盤状況を推測しておくほか、建物の接地圧や塔状比などの構造特性をある程度把握して基礎の設計をイメージしたうえで適切な地盤調査方法を選択することが必要である。

2——地盤調査結果の読み方
（スクリューウェイト貫入試験の場合）

SWS試験の結果を見る際のポイントとしては、①自沈層の有無（ありの場合にはその深さと荷重W_{sw}）、②1mあたりの半回転数N_{sw}、③敷地内での調査結果のばらつきの有無が挙げられる[図4]。

自沈層とは、ロッドを回転させなくても重りを載せただけで沈んでいく軟弱層であり、基礎下2m未満

でW_{sw}が1kN以下での自沈層や、基礎下2〜5mの範囲でW_{sw}が500N以下での自沈層が存在する場合は、沈下量の検討を行う必要がある。

SWS試験の結果から地盤の許容支持力を求める計算式はいくつかの提案が行われているが、告示（平13国交告第1113号第2）では、

$$q_a = 30 + 0.6\overline{N_{sw}}$$

という式が示されている。ただし、上述の自沈層が存在する場合や、地震時に液状化のおそれがある地盤の場合には、沈下量の検討などを行い、地盤の安全性を確かめなければならない。許容沈下量の計算方法は、日本建築学会の『建築基礎構造設計指針』などが参考となる。

035

図4｜試験結果の読み方（スクリューウェイト貫入試験）

地盤高は、SWS試験を行ったポイントの現況レベル。設計時の基礎底や地盤改良のレベル決定に必要なため、地盤高が記載されていない場合は問い合わせる。

土質の分類は、スクリュー先端に付着した土や貫入時のロッドの感触から推定しているが、実際の土質とは異なる場合があるため参考程度に考えておく必要がある。

グラフ中に示した破線よりも左が自沈層、右が回転層である。

半回転数（N_a）は貫入量（L）を入れる間の半回転数、1mあたりの半回転数（N_{sw}）は、それを1mあたりに換算した値〔$N_{sw}=N_a÷L(m)$〕。支持力計算にはN_{sw}を用いる。

荷重（W_{sw}）が1.0kN未満は特に軟弱な層なので、それがある場合はどの深さに分布しているか、注意しておく。

SWS試験では基本的に深度10mまで調査可能である。硬い層が出た場合は10m未満でも調査終了となる。浅いところで礫や障害物に当たった場合は、位置を1mほどずらして再度実施する。

JIS A 1221　　スクリューウェイト貫入試験

調査件名　　（仮称）○○○○新築工事地盤調査　　試験年月日　　年　　月　　日

地点番号（地盤高）　No.12（KBM-0.55m）　　試験者

載荷装置の種類			回転装置の種類		天候　晴れ		
荷重W_{sw} kN	半回転数 N_a	貫入深さ D m	貫入量 L cm	1m当たりの半回転数 N_{sw}	記事	深さ	荷重W_{sw} kN / 貫入量1m当たりの半回転数 N_{sw}
		0.30	30		礫混じり土・掘削		
1.0	9	0.50	20	45	シルト分+礫混じり		
1.0	3	0.75	25	12			
0.75	0	1.00	25	0	若干砂音、自沈		
0.75	0	1.25	25	0			
0.75	0	1.50	25	0			
0.75	0	1.60	10	0			
1.0	0	1.75	15	0	若干砂音微連自沈		
1.0	0	1.85	10	0			
1.0	7	2.00	25	47	無音		
1.0	17	2.25	25	68			
1.0	8	2.50	25	32			
1.0	4	2.75	25	16			
1.0	8	3.00	25	32			
1.0	9	3.25	25	36			
1.0	11	3.50	25	44			
1.0	14	3.75	25	56			
1.0	16	4.00	25	64			
1.0	17	4.25	25	68			
1.0	50	4.50	25	200	礫混じり打撃併用自沈		
1.0	50	4.55	5	1000	礫、打撃併用空転		

3──地盤調査結果の読み方
（標準貫入試験の場合）

標準貫入試験結果の基本となるのが、図5に例示したボーリング柱状図である。ボーリング柱状図には、深さごとの土質区分（砂・粘土・礫など）、1mごとに行った標準貫入試験の結果（N値）、孔内水位などの情報が記載されている。また、さらに詳しい情報を得るための試験（圧縮試験や圧密試験など）を行う目的で乱さない試料を採取した場合は、その深度も記載される。このように、土質柱状図はN値を示すだけでなく、ボーリング調査全体の目次としての役割ももっている。

図5│地盤調査結果の読み方（標準貫入試験）

孔口標高は、ボーリング地点の現況レベル。調査時にレベルの基準としたポイント（KBM）は通常、ボーリング調査位置図に明記されている。T.P.の場合は、全国共通の標高原点である東京湾平均海面を基準とした表示である。

孔内水位は、基礎設計に必要な地下水位を推定する重要な手がかりとなる。水位は変動している場合があるため、複数地点でボーリングを行っている場合は総合的に判断する。

N値は所定の方法でサンプラーを地盤に30cm打ち込むのに要した打撃回数である。地盤が硬く、50回打撃した際の貫入量が30cmに満たなかった場合は、比例計算で30cm貫入時相当の打撃回数を求める方法がある。これを換算N値と呼ぶ。

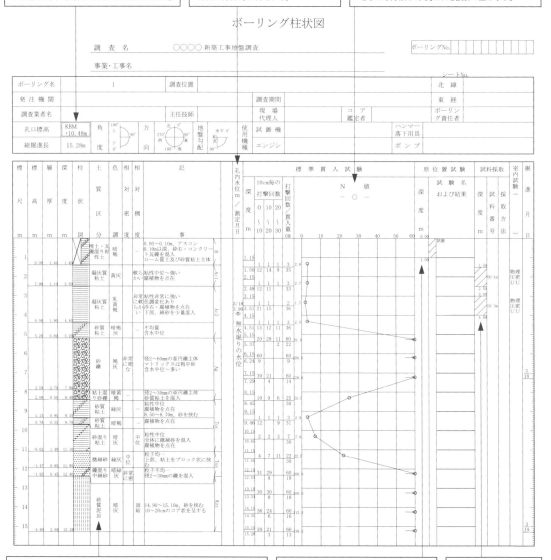

ボーリング柱状図

土質区分（砂質土か粘性土か）はN値とともに、地耐力や杭支持力の計算、液状化判定などの基本情報となる。色調は、工事監理で支持層確認を行う際の手がかりとなる。また、砂礫の場合の礫径など、記事にも設計上必要な情報が多い。

原位置試験（ボーリング孔を利用して現地で実施する試験。孔内水平載荷試験が代表的）を行った場合、この欄に表示される。

室内試験用の試料を採取（サンプリング）した場合、その深度がこの欄に表示される。

036

また実務上、記事の書き込みも重要である。たとえば、同じ礫質土でも礫径によって選択できる基礎工法に違いがあるなど、記事からしか読み取れない情報も多くあるため、地盤調査結果の受取りの際に押さえておくべきポイントである。

4——基礎形式の選定

標準貫入試験結果から、まずは建物の支持に適する土層（支持層）を判断する。支持層は、建物の規模に応じた地耐力（N値や圧縮試験などから判断）と層厚をもっている必要がある。表2に、3階程度までの鉄骨造建物の支持層となる条件を示す。標準貫入試験の結果から地耐力を算定する計算式も、SWS試験の場合と同じ告示（平13国交告第1113号第2）に示されている。計算式は、

$$q_a = 1/3 \, (i_c \, \alpha C N_c + i_\gamma \beta \gamma_1 B N_\gamma + i_q \, \gamma_2 D_f N_q)$$

である。第1項（i_c〜の項）は、土の粘着力による支持力であり、粘性土を支持層とする場合に主に関係する。第2項（i_γ〜の項）は、基礎幅と土の内部摩擦角による支持力であり、砂質土を支持層とする場合に主に関係する。第3項（i_q〜の項）は、基礎の根入れ深さによる支持力であり、粘性土・砂質土いずれの場合にも関係する。N_c・N_γ・

N_qは支持力係数と呼ばれ、標準貫入試験のN値から推定が可能である。

地表面近くに良好な支持層が存在する場合は、べた基礎や布基礎などの直接基礎で設計が可能である。支持層が深い位置に存在する場合は、深さに応じて表層改良工法、柱状改良工法などの地盤改良や、鋼管杭などの杭基礎が選択される。また、建物や地盤の状況によって、地盤置換工法やパイルド・ラフト工法が使われる場合もある［図6］。

表2｜小規模鉄骨造の支持層の目安

規模		1〜2階建て	2〜3階建て
必要地耐力の目安		20〜30 kN/m² 以上	30〜50 kN/m² 以上
	地盤の例（施行令93条）	粘土質地盤 20 kN/m² 砂質地盤 50 kN/m² ローム層 50 kN/m²	
必要なN値の目安	砂質地盤	N≧10	N≧15
	粘土質地盤	N≧4	N≧6
	備考	必要なN値は、基礎下の地下水の有無や根入れ深さ、基礎形状等により変化する	
必要な支持層の厚さ		2〜3m以上	

図6｜各種の地盤改良工法

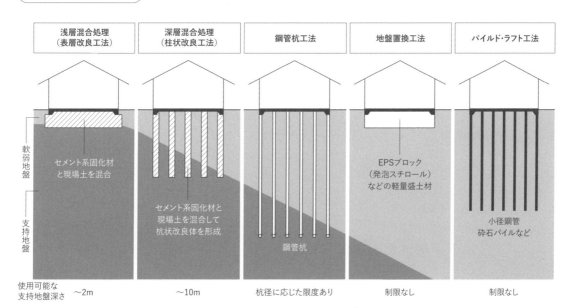

浅層混合処理（表層改良工法）	深層混合処理（柱状改良工法）	鋼管杭工法	地盤置換工法	パイルド・ラフト工法
セメント系固化材と現場土を混合	セメント系固化材と現場土を混合して杭状改良体を形成	鋼管杭	EPSブロック（発泡スチロール）などの軽量盛土材	小径鋼管 砕石パイルなど

軟弱地盤
支持地盤

使用可能な支持地盤深さ

| 〜2m | 〜10m | 杭径に応じた限度あり | 制限なし | 制限なし |

混構造を理解する

1———混構造の整理

一般に、RC造と鉄骨造、鉄骨造と木造など、ひとつの建物をつくるために2以上の異なる種類の構造が使われている状態を混構造、あるいは併用構造と呼んでいる。混構造には図1に示すようないくつかのタイプがあり、構造的な特徴や設計上の取り扱いに違いがあるため、まずは混構造の種類について整理しておく。なお前提として、エキスパンションジョイントで切り離された建物の各部分については、構造計算上は2つの独立した建物として取り扱うため、それらが異なる構造であっても混構造とは見なされない。

①の「X・Y方向で異なる構造」は、たとえばX方向(長手方向)はSRC造、Y方向(短手方向)はRC造というように、直交する二方向で構造種別が異なる場合である。一般に、地震に対する構造計算はX方向・Y方向の二方向に分けて行うため、①のようなケースではそれぞれの方向別に構造

計算などの規定を適用して設計を行えばよい。

②の「高さ方向に異なる構造(立面混構造)」では、1階をRC造、2階以上を鉄骨造ないし木造とするケースや、あとで詳しく述べるように、1階を鉄骨造、2階以上を木造とするケース(戸建て住宅で1階に駐車場を配置する場合など)などが考えられる。このようなケースでは、高さ方向に建物の剛性の偏りが大きくなるため、特定の階に損傷が集中しないような配慮が求められるほか、異種構造間の接合部について慎重な検討が求められる。

③の「平面的に異なる構造(平面混構造)」は、上述の2つの場合と比べるとやや特殊なケースといえる。平面混構造では各構造の剛性に差があるため(たとえばRC造部分は硬く、鉄骨造部分は柔らかいなど)、偏心が生じやすいほか、耐震要素としての靱性(粘り強さ)にもばらつきがあるため、保有水平耐力の評価も単一構造と比べて難しくなる。次ページで、平面混構造の取り扱いについてやや詳しく述べる。

④の「部材が異なる構造」は、たとえば柱をRC造、梁を鉄骨造といったように、各部材に異なる構造を用いる場合である。実用的には、比較的大スパンの倉庫や工場などで、経済性を考慮して柱を

図1│混構造の種類

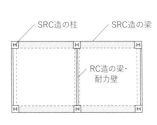

① X、Y方向で異なる構造[5]

②高さ方向に異なる構造(立面混構造)[5]

③平面的に異なる構造(平面混構造)[5]

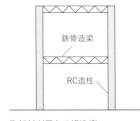

④部材が異なる構造[5]

⑤小屋組のみ木造とする場合[6]

PCa（プレキャストコンクリート）造、梁を鉄骨造としているケースなどがある。このようなケースでは、異種構造間の接合部の構造性能は基本的に実験により確認したうえで設計を行うこととなる。

⑤の「小屋組のみ木造とする場合」も、木造の小屋組を室内にあらわしとして仕上げとすることが可能な場合などに用いられる方法である［図2］。小屋組は耐震設計上は2次部材（主たる耐震要素ではない部分）と見なされるため、構造計算上は小屋組以外の部分に関する構造計算などの規定を適用する。

2—— 平面混構造の考え方

併用構造の設計については、「建築技術」（2009年6月号 p.93-97）に詳しく述べられているので参考にするとよい。ここでは特に平面混構造に着目して3つのケースに分けて解説する。

図3｜水平力負担による平面混構造の分類[7]

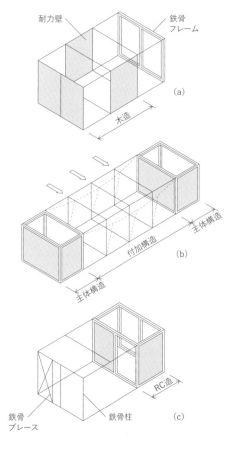

まず、それぞれの構造が同程度に水平力を負担しているケースが考えられる［図3（a）］。この図の例では、耐震要素として木造の耐力壁と鉄骨フレームが併用されている。このようなケースでは、各耐震要素の剛性と量のバランスに配慮して、できるだけ偏心が生じないように設計することが必要である。また、単一構造の場合と比べて、剛性のばらつきが構造物の挙動に与える影響が大きいため、ばらつきへの考慮も必要である。

次に、片方の構造（主体構造）ですべての水平力を負担しており、もう片方の構造（付加構造）は水平力を負担せず鉛直力のみを負担しているようなケース［図3（b）］がある。このような場合には、付加部分の水平力を主体部分へ確実に伝達させることが重要であり、異種構造間の接合部の設計がポイントとなる。付加構造部分の柱は、柱頭柱脚を完全なピン接合とすることで水平力をまったく負担させないことも可能であるが、通常のディテールでは固定度に応じた若干の水平力を負担することになる。このときに生じる応力が無視しうる程度に小さいものであるかを確認しておくことも必要である。

最後に、これらの中間的な性質をもつ平面混構造［図3（c）］も用いられることがある。この例のように、RC造部分ですべての水平力を負担できるように設計するが、平面的なバランスをとる目的で鉄骨ブレースを配置するような場合が考えられる。

図2｜鉄骨造に木造小屋組を載せた例

京都の集合住宅｜設計＝妹島和世建築設計事務所、2014年｜©Kazuyo Sejima & Associates

3──ルート1で解ける鉄骨造と 木造の混構造

ここでは、小規模鉄骨造の延長で比較的用いられることの多い、鉄骨造と木造の立面混構造の設計について述べる。図4に示すような立面混構造を設計する際には、ルート1で設計できるように構造計画を行うことがひとつのセオリーである。混構造建築物のルート1は、平19国交告第593号第三号または第四号の規定によるが、大まかにその条件を述べると、①地階を除く階数が3以下、②下階が鉄骨造(またはRC造)で、上階が木造、③高さ13m以下かつ軒高9m以下、④延べ面積500m²以下、⑤鉄骨造部分の柱スパンが6m以下、のようになる([図6]にフローを示す)。RC造部分が存在する場合、それについてもルート1で設計するための条件が定められているが、ここでの説明は割愛する(上記告示を参照されたい)。

ルート1の適用範囲を超える混構造は、ルート2または3によって設計することになる。ルート2は剛性率や偏心率の制限を条件として比較的簡便な構造計算で耐震性を確保するルートである。ただ、立面混構造では各階の剛性のばらつきが生じやすいことから、剛性率の制限を満足することが実際上難しい場合も多い。またルート3では保有水平耐力計算を行うが、木造の保有水平耐力計算は接合部のモデル化の難しさなどから現状では一般に普及しているとは言い難く、今後の整理が求められている分野である。これらのことから、ルート2または3による立面混構造の設計が小規模建物で一般に使われる機会は少ない。

図5に、1階を鉄骨造、2階を木造とした立面混構造が水平力を受けた際の力の流れを示す。混構造の構造設計では、これらの力の伝達が確実に行われるように各部分のディテールを設計する。Chapter4事例03「森のピロティ」は1階を鉄骨ブレース構造、2階を木造とした立面混構造の事例である。

図4│ルート1による設計が可能な混構造の組合せ[5]

高さ≦13m、軒高≦9m、延面積≦500m²

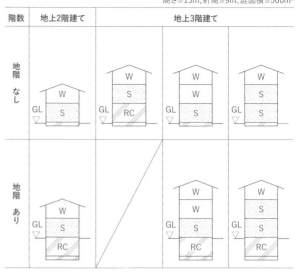

図5│水平荷重時の力の流れ[5]

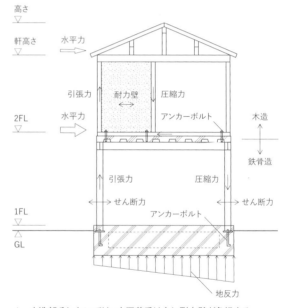

1 木造部分においては、水平荷重は主に耐力壁が負担する。
   ↓
2 耐力壁の負担水平力は、
   梁または床面を介して下階の耐力壁に流れる。
   ↓
3 水平力を負担した耐力壁の両端部柱には、
   軸力(引張力もしくは圧縮力)が生じる。
   ↓
4 耐力壁の負担せん断力や柱に生じる軸力は、アンカーボルトなどを
   介して、鉄骨造の床もしくは梁に流れ、下階柱に伝達される。
   ↓
5 鉄骨造柱が負担した水平力および軸力は、
   アンカーボルトなどを介して基礎へ流れる。
   ↓
6 基礎に流れた水平力と軸力は、建物の側面および基礎下の地盤に
   伝達される。基礎直下の地盤が支持力不足のときは、
   杭などを介して支持地盤へ伝達する。

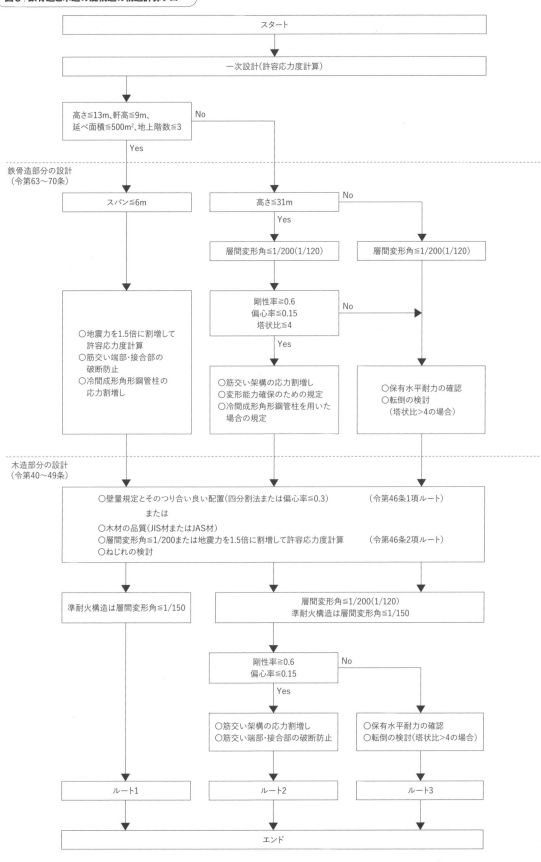

　　　　　　　　　混構造を理解する

041

小規模鉄骨造の工事監理

1——構造の工事監理は最初が肝心

規模の大小によらず、また鉄骨造に限ったことでもないが、構造の工事監理は初期段階が特に重要となる。それは、全体工程を考えれば当然のことながら、構造に関係する工事（地業、基礎、鉄骨建て方など）が工事の前半に集中するためであり、実際に土工事に着手して根切りが進んでいく頃には、工程にもよるが、施工計画書や躯体図などのやり取りは大部分が終わっていることも多い。構造の工事監理は、「現場」が始まってからでは遅いのである。また、設計者が常識と思っていたことが施工者にとっては常識ではなかった（または

図2｜既製品による梁貫通

その逆）ということもしばしば起こるため、工事が始まる段階で、施工上の注意点や必要書類、その提出時期などについて、工事監理者から積極的に施工者へ伝達する努力が必要である。これは、工事を担当するゼネコン・工務店と初めて一緒に仕事をする場合には特に重要なプロセスとなる。ここにしっかりと労力をかけることが、工事全体にわたってもめごとや手戻りを減らすことにつながり、トータルで見れば工事監理業務の省力化につながると筆者は考えている。

2——施工計画書（施工要領書）と施工図（躯体図）

工事を始めるにあたって最初に作成されるのが、仮設計画（総合仮設計画図）である。仮設計画の良否は、工事全体の品質を大きく左右するため、工事監理にとっても重要なチェックポイントとなる。具体的には、近隣の状況も考慮して前面道路からスムーズに資材の搬出入が可能であるか、クレーン・作業ヤード・足場はそれぞれ安全で効率的な作業が可能な配置となっているかなどを重点的にチェックする。

施工計画書（または施工要領書）と施工図（RCの施工図は躯体図と呼ばれることが多い）は、対をなすものであり、両方を確認することが原則である。ただし、特に小規模な現場では実態としてRC関係の施工計画書（鉄筋工事・型枠工事・コンクリート工事）は省略されていることも多い。その場合は、日本建築学会の「建築工事標準仕様書・同解説JASS5 鉄筋コンクリート工事」に拠って施工されていることを確認することとなる。

鉄骨工事の施工計画は、工場製作と現場建て方の2つの部分からなる。工場製作を担当する業者が建て方まで行う場合は問題になりにくいが、工場製作と現場建て方で業者が分かれているケースでは、それぞれの分担範囲をすりあわせたうえで施工計画としてまとめる必要がある。また、鉄骨の施工図（製作図）はCAD・CAM化が進んでおり、小規模な現場でも3Dモデルによる製作図の確認ができるようになってきている[図1]。仕口や継手の形状・位置が正確に描き込ま

図3｜鋼管杭試験杭の立会い

れた3Dモデルを確認することで、施工者と工事監理者で問題点の共有をスムーズに行うことができる。設備配管の梁貫通[図2]もこの段階で鉄骨・設備の各業者を交えてスリーブ図の確認を行い、補強方法を決定する。RCや鉄骨は構造躯体であるが、躯体図・製作図の確認は意匠設計者と構造設計者の共同作業である。特に、躯体をあらわしで見せる場合には、構造躯体は仕上げ材であるという意識をもって施工図の確認を行うことが肝要である。

3───基礎工事のチェックポイント

基礎工事の監理は、直接基礎の場合と杭基礎（柱状改良も含む）の場合で現場でのチェックポイントが多少異なってくる。

直接基礎の場合は、支持地盤（床付面）を直接目視により確認することが基本になる。所定の深度まで掘削が行われていること、また床付面が重機により荒らされていないかを目視により確認するほか、ボーリング調査を行っている場合には土質標本を持参して支持層となる土質の特徴を示しているかなどを確認する。杭基礎・柱状改良の場合には、試験杭と呼ばれる最初の杭施工に立ち会うことが一般的である[図3]。試験杭はボーリング調査位置の近くに設定し、杭の施工状況と土質柱状図に食い違いがないかを確認する。各深度の土質が確認できる工法の場合は、土質標本との照合を行う。また、杭の施工に伴うトルク（電流計）の記録から間接的に土の硬さ状況を把握して、予定した施工となっているかを確認することも行われている[図4]。

4───基礎の配筋検査では何を確認するか

基礎の配筋検査では、躯体寸法、鉄筋本数、間隔、定着長さ、継手位置と長さに加えて、開口や増打部などの補強筋、かぶり厚の確認を行う。鉄骨柱脚のアンカーボルトの径・本数・レベルも重要な確認事項である。既製品柱脚の場合は、アンカーフレームによって固定されるためアンカーボルトの位置がずれる心配はないが、そうでない場合にはコンクリート打設時の衝撃でアンカーボルトが動くことがあるため、型枠または鉄筋への固定状況なども確認する[図5]。

基礎スラブ（耐圧版）の配筋では、配筋方向（X・Y方向）に間違いが起こりやすいため、配筋を方向で分けている場合には特に注意して、事前に施工者と打ち合わせしておくことが望ましい。

上記事項について現場で確認するとともに、鉄筋のミルシート(p.45参照)を確認して設計通りの材種で施工されていることを確認する。

図4｜柱状改良の施工結果例（深度・トルク管理）

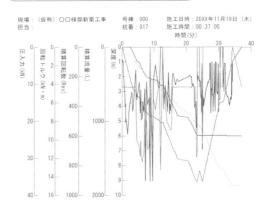

図5｜鉄骨柱脚（既製品）と基礎梁・基礎スラブ

5───鉄骨工事の4つの検査

①原寸検査

実際につくる物と同じ寸法で描く図面のことを原寸図という。従来、鉄骨工場には原寸場と呼ばれる広い部屋があり、黒板の床にチョークで接合部の原寸図を描いた。それを工事監理者と施工管理者などで確認し、部材寸法の最終確認や、支障なく組立てが可能かなど施工性の確認を行う原寸検査を行った。CADが普及した現在では、床に原寸図を手描きすることは行われておらず、CADで描かれた詳細図を関係者で確認することによって原寸検査の目的を果たしている。

また、原寸検査では、工場製作に用いられる巻尺と現場での建て方用に使われる巻尺に誤差がないかを確認する「テープ合わせ」[図6]もあわせて行われる。これは、2本の鋼製巻尺を伸ばして所定の張力で引っ張った状態で平行に置き、目盛りの差が規定値内に納まっているかを目視により確認するものである。

②仮組検査

仮組検査は、工場製作途中の部品に対して行われる検査である。溶接接合部の開先形状など、製品完成後には見ることができない箇所の確認が仮組検査の主な目的となる[図7]。また、特殊な形状や施工方法となる部分や、特に組立てが困難と考えられる部分を、現場に持っていく前に工場で組んでみて確認する目的で行われる場合もあり、これらはモックアップ検査とも呼ばれる。

次に述べる製品検査は工事監理者立会いの下に行われることがほとんどであるのに対し、仮組検査への立会いは省略され、写真確認で済まされることも多い。しかし筆者は、鉄骨の品質管理上、仮組検査は重要なポイントと考えており、原則立会いを行うようにしている。

③製品検査

鉄骨製品が出来上がると、現場へ出荷される前に工場で製品検査が行われる。製品検査は、事前に行われた各種検査の報告書など(ミルシートもこれに含まれる)を確認する書類検査と、製品の実物を目視やメジャーで計測して確認する対物検査[図8]からなる。対物検査は、小規模な住宅などであればすべての部品を見ることも時間をかければ可能ではあるが、一般的には柱・梁の部品各1～2台程度が代表として検査台にセットされている。この段階からの大幅な修正は現実的に不可能だが、リブプレートの追加や2次部材との取合い調整など、必要な修正があれば指示を行う。

④建て方検査

建て方検査は現場での建て方が完了したタイミングで行い、柱の傾斜などの建入れ精度の確認[図9]に加え、高力ボルト接合部ではピンテールの破断や、マーキングの位置から共回りが発生していないことの確認を行う。また、現場での完全溶込み溶接がある場合には、溶接の検査記録の確認もあわせて行う。

6───鉄骨の工事監理に関わる書類

工事監理では前述の施工計画書や施工図のほかにも多くの書類を扱う。工事監理の最初に行うべきことのひとつは、これらの書類の流れ(提出時

図6│テープ合わせ

図7│仮組状態での開先形状の確認

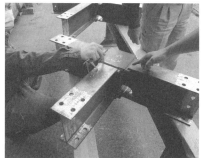

図8│製品検査(対物検査)

044

期や確認方法)を施工者と協議し、共通認識をつくることである。また、検査のため現場へ行った際には、まず書類の確認から行うことをおすすめしたい。図面、工事写真やミルシートなどの書類がきちんと整理されていることは、工事全体を間違いなく円滑に進めるうえで不可欠である。以下では、鉄骨の工事監理に関わる書類について、筆者が普段気をつけているチェックポイントを紹介する。

① コンクリート配合計画書

コンクリート配合計画書は、木造基礎に使用するRC工事で扱うものと基本的に同じである。鉄骨造の場合、コンクリートは一般に基礎に加えてデッキ床にも使用される。配合計画書の内容で特に注意すべき点として、配合の適用期間と呼び強度が挙げられる。JASS5では養生期間中の平均気温に応じて構造体強度補正値が定められており、呼び強度は設計基準強度に3または6N/mm^{2}を加えた値となる(JASS5 2018の場合)ため、打設時期に応じて適切な強度補正値が採用されていることを確認する。

② ミルシート(鉄筋、鉄骨、ボルト)

ミルシート(鋼材検査証明書)は、鋼材の機械的性質や化学成分が規格値を満たしていることを生産者が証明する書類である。鋼材の種類(SS400など)、断面形状、数量、試験結果などが記載されている[図10]。工事名がミルシートに記載されている場合は、今回の工事でその鋼材が使用されたことが直接的に確認できるが、小規模な工事の場合、市中の在庫品を使用するため工事名

が記載されていない場合も多い。その場合は、ミルシートに記載されている材料のうち今回の工事用に使用された範囲が印によって示されているので、その証明者の記名・捺印と流通経路をあわせて確認することで、間接的な証明ととらえることができる。

③ 検査報告書(社内、第三者)

鉄骨工事に関する検査報告書は、部材寸法や建て方精度の測定結果などのように、施工者が自ら作成するものと、検査を専門とする第三者機関が作成するものに分けることができる。第三者機関による検査としては、溶接部の検査(外観検査および超音波探傷試験)[図11]が一般に行われている。第三者検査は通常抜取り検査(全体の30%程度を検査する)で行われており、工事監理者は検査対象や検査数が設計図書通りに行われているかを確認する必要がある。

図10｜ミルシートの例

製品検査証明書

〇〇〇株式会社

図11｜第三者機関による溶接検査報告書の例

ロットの構成及び合否の結果

VI：外観検査　　UT：超音波検査

節	ロットNo.	ロットの構成 柱・梁番号		ロットの大きさ 本数	検査対象数	検査項目	抜取No.(検査箇所数)	サンプル数	抜取率(%)	不合格個数	不良率(%)	検査日 検査員	ロットの合否
一	1	X1Y1, X1Y2 X3Y1, X3Y2	(柱)4		252	VI	1	77	30.5	0	0	4/10 西原	合格
							2	77	30.5	0	0		
			(梁)			UT	1	77	30.5	0	0	4/10 西原	合格
							2	77	30.5	0	0		
	2	X1Y3, X1Y4 X2Y3, X2Y4 X3Y3 2B1-X2 2G1-X3 3B1-X2 3G1-X3 3B2-Y3 3G1-Y2	(柱)5 (梁)7		164	VI	1	58	35.3	0	0	4/10 西原	合格
							2	58	35.3	0	0		
						UT	1	58	35.3	0	0	4/10 西原	合格
							2	58	35.3	0	0		

図9｜下げ振りによる柱の精度確認

鉄骨による
裸の
構築性

ミース・ファン・デル・ローエ
Ludwig Mies van der Rohe

1886年3月27日−1969年8月17日
ドイツ出身の建築家。20世紀のモダニズム建築を代表する、
近代建築の三大巨匠のひとり。
「Less is More（より少ないことは豊かなこと）」
「God is in the detail（神は細部に宿る）」など、
後世にも影響を与える言葉を残したことでも知られる。
均質空間（ユニヴァーサル・スペース）という
抽象的かつ自由な機能を許容する概念を構築した。

● **レイクショアドライブアパートメント**［1951年］**外観**｜フロントマリオン、つまりマリオンがカーテンウォールの前面に配置されるディテールがミースの超高層の特徴だ。マリオンが外部に現れることで、「ガラスのビル」ではなく、「鉄のビル」としてのアイデンティティを獲得している。｜撮影＝JeremyA CC BY-SA 2.5

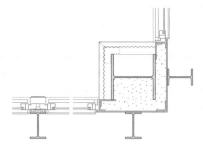

● **レイクショアドライブアパートメント**｜**柱詳細図**｜鉄骨がRCによって被覆されているが、マリオンが柱部分まで連続して設けられていることで、あくまで鉄骨造であることが強調されている。

ル・コルビュジエ、フランク・ロイド・ライトと並び、近代建築の3巨匠として挙げられるミース・ファン・デル・ローエについて、その功績をこの場で語り尽くすことは到底できない。しかしながら、鉄骨造という即物的なテーマのなかで、ミースについて少しだけ語ってみたいと思う。

コルビュジエ、ライトがコンクリートを多用したのに比べ、ミースは鉄骨にこだわり続けた。それはミースにとって来たるべき新しい社会の建築は、カルテジアングリッドで抽象的に構成された均質空間として現象するものであり、その具現化として柱と梁によるグリッドフレームが現れ、壁はそれを簡易的に間仕切るものでしかなかったからである。ある意味ではミースにとって「窓」というものは存在しないといえる。開口部であるガラスは透明な壁と言い換えられる。コルビュジエがコンクリートの壁に窓という光の孔を穿つことにその表現力を駆使したこととまさに対極である。コルビュジエはヨーロッパ建築の伝統の上に乗っている。それは石の壁に光の窓を穿つというヨーロッパ建築の根源的な営為である。対して、ミースは鉄骨の柱と梁によるフレームを構造や構成だけでなく、徹底的に建築の表現として用い続けた。

話は少しそれるが、日本の建築と比べると面白い。日本建築も同様に柱と梁で構成され、その間を埋める構成をとる。しかし、日本建築においてはその要素は「建具」であり、建具に多彩なバリエーションと工夫がある。それに対してミースがフレームを埋める要素はガラスであり、これはあくまでも透明な「壁」なのである。

ファンズワース邸やベルリンナショナルギャラリーなどの低層建築だけでなく、オフィスビルなどの高層建築においてもその表現は姿を潜めることはなかった。19世紀のシカゴ派によって鉄骨造が高層ビルに使用され始めたが、それらはあくまで

046

構造体としての鉄骨の使用であった。ミースの超高層は鉄骨が耐火被覆されているが、カーテンウォールの構成にミースの鉄骨をファサードとして表現することへの執着心が垣間見える。たとえば、レイクショアドライブアパートメントを見てみると、カーテンウォールの風荷重を受けるマリオンが、ガラスの内側ではなく、外側に配置されているのである。そのためこのビルは鉄骨が表現の主体として現れているのである。

ここで、ミースの代表的な鉄骨造の住宅であるファンズワース邸について触れたい。言うまでもなくミースの傑作であり、近代建築の金字塔とも言える作品である。「神は細部に宿る」と語っていたミースのディテールへの探求が昇華したものがこの住宅には現れ、その後、前述の超高層ビルなどの大型建築に展開していくこととなった。いわばこの住宅にはミースの鉄骨ディテールのエッセンスが詰まっているのである。

この住宅の最大の特徴は、H形鋼の柱が、屋根版と床版の外周部に取り付けられた溝形鋼の外側に溶接され、建物全体を支えていることである。梁を下から支えるのではなく横から支えることで、重力という鉛直の力の流れが視覚的に弱められ、水平性が強調され、軽やかな印象をつくり出している。溝形鋼の梁の上にスラブの鼻隠しが設けられているが、それもH形鋼をカットした部材でつくられており、構造にも効いている。徹底したスチールワークである。サッシこそアルミでつくられているが、それ以外はすべてスチールである。建物の外まわりを構成する要素はスチールとガラスが支配的な要素になっている。それに対して内部のコアを構成する要素は木造である。構造が鉄骨の建物は軽量鉄骨も含め、2次部材を鉄でつくったほうが溶接をすることができるため、施工としては簡便である。しかしながら、おそらくミースにとって内部のコアはこの建物の本来の構成要素ではないと考えていたのではないだろうか。「生活」という機能を満たすためには不本意ながら必要であり、これらは「建築」ではなかったのではないだろうか。その徹底した意志がコアを木造でつくったのではないかと思う。

建物をつくる方法、言い換えるとテクトニック（結構術）と建築への意志の執拗なまでの一貫性、それこそがミースが切り開いた近代性である。それまでの西洋建築においてはテクトニックを装飾あるいは機能などで覆い隠していた。「裸の構築性」ミースの建築にはその言葉が相応しく、それはまさに構法をそのまま建築のプレゼンスとして具現化できる鉄骨造ならではの表現方法であった。

● **ファンズワース邸**［1951年］**外観**｜純粋な鉄骨表現としての建築である。徹底的にディテールを消し、鉄骨がその即物性を剝ぎ取られたまま、純粋に構築物として存在している。｜撮影＝鎌田光明

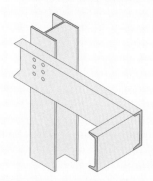

● **ファンズワース邸**｜**柱梁接合部**｜H形鋼の柱と溝形鋼の桁はプラグ溶接（『2.5 溶接接合』参照）によって接合されている。桁のウェブに孔あけして柱フランジとプラグ溶接することで接合が完全に隠れるこのディテールは、ファンズワース邸で最初に使われたあとも、ミースのスチールワークを代表するディテールとして繰り返し用いられた。

[引用・参考文献]

1 佐藤邦明著
『構造家のための鉄骨構造』
オーム社、2005年を元に作成
---

2 「ベースパック柱脚工法設計施工標準図」（岡部株式会社）
を元に作成
---

3 日本建築学会編
『鋼構造接合部設計指針』
2012年第3版（2015年4刷）
---

4 日本建築学会編
『小規模建築物基礎設計指針』
2008年（2013年6刷）
---

5 『木質系混構造建築物の構造設計の手引き』
日本住宅・木材技術センター
---

6 国土交通省住宅局建築指導課日本行政会議ほか編
『建築物の構造関係技術基準解説書』
2020年版
---

7 金箱温春
「併用構造の技術的問題と審査制度上の問題」
（「建築技術」2009年6月号）より抜粋
---

8 日本建築学会編
『建築工事標準仕様書 JASS6 鉄骨工事』
2018年
---

9 日本建築学会編
『建築工事標準仕様書・同解説 JASS5 鉄筋コンクリート工事』
2018年
---

10 上野嘉久著
『実務から見た鉄骨構造設計 第三版』
学芸出版社、2008年

CHAPTER ———— 3

鉄骨造の納まりのポイント

本章では鉄骨造における意匠上のポイントについて解説する。

鉄骨造をはじめ、木造、RC造それぞれの構造形式で、使用できる材料やその納め方は異なる。ここでは建物の部位ごとに、それぞれ鉄骨造に固有の部材構成や納まりについてその特徴やポイントを述べていく。

鉄骨造の納まりは難しいとよく言われる。現場での加工が容易な木造や現場で一体的に成型するRC造に比べ、鉄骨造は工場で製作したものを現場で組み立て、かつ現場での加工はあまりできない。構造的な接合部材が多く、かつ複雑な場合もあり、それが意匠的な納まりにも関わってくるため、事前の緻密な検討が必要である。意匠設計者と構造設計者が、各部位をどう見せたいかという意思を共有し、綿密に打合せすることが重要である。

［基礎］
柱脚の種類と形式

1——基礎と柱脚の美しい関係

鉄骨造といえども、基礎は鉄筋コンクリートでつくることが一般的である。基礎は鉄筋コンクリートと鉄骨の接合点であり、一般的には基礎の上に鉄骨柱が載るかたちで納められる。異素材が取り合う部分のため、構造耐力上重要な箇所であるが、意匠的にも目立つ場所であるため、美しく納めることが非常に重要である。基礎と柱という躯体同士の関係だけでなく、どこまでが地中に隠れるかといった地盤レベルとの調整や、通り芯から外壁面までの寸法と、通り芯から基礎の立上り外面までの寸法を揃えることなど、設計段階から総合的に詰めておく必要がある。

Chapter 2で解説したように、柱脚の種類には「露出柱脚」「根巻き柱脚」「埋込み柱脚」の3種類がある（p.29、6.柱脚接合部）。このうち根巻き柱脚と埋込み柱脚はコンクリート基礎の中に柱脚が埋め込まれて納まるため、柱だけが基礎から立ち上がる見え掛かりとなる。露出柱脚は基礎の上にベースプレート、アンカーボルトなどの柱と基礎の緊結部材が現れてくるため、それらの部材をどのように処理するかが意匠的な課題となる。意匠的にはこれらの部材は隠して、すっきりとした柱脚

まわりをつくりたいところである。その方法として、壁や床などの仕上げで隠す納まりと、床スラブ下に柱脚を下げてコンクリートで隠す納まりがあり、ここではその2つについて解説する。

2——仕上げで隠す納まり

露出柱脚のなかでも、アンカーボルトのみ基礎に打ち込んでおき、基礎とコンクリートスラブ（立上り含む）を打設したあとに柱脚をセットする工法は、簡易で施工性も高いため、小規模鉄骨造で用いられるケースが多い。この方法を採用する場合、壁や床の仕上げで柱脚を隠すことになり、以下の点に注意する必要がある。

①外壁足元の納まりに注意する

鉄骨柱に対して外壁の仕上げは、選択する仕上げによって標準的な位置が定まる。仕上げ材の標準納まりによっては、基礎立上りの角が出っ張ってしまうことが起こる［図1（左）］。その場合には、外壁をふかして、基礎立上りを隠す［図1（右）］。もしくは、ベースプレートを偏心させて納める方法もある。

②内部床との納まりに注意する

床のふところが少ないと、ベースプレートやアンカーボルトが床から出っ張ってしまう［図1（左）］。それを避けるには、アンカーボルトが隠れるまで床下のふところを確保するか、壁の仕上げをふかしてベースプレートを隠すことになる［図1（右）］。

図1｜柱脚を仕上げで隠す納まり

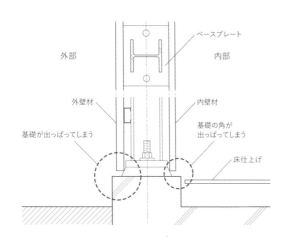
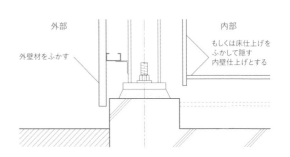

3 ─── コンクリートで隠す納まり

仕上厚を薄くする場合や鉄骨柱をあらわしにする場合など、柱脚をすっきりと納める必要がある場合には、コンクリートで隠す方法を採用する。たとえば、図2のように基礎天端を床レベルより300mm程度下げ、床スラブなどのコンクリートを被せるかたちで納めるやり方である。コンクリートの打設回数が増えるため、仕上げで隠す納まりと比べるとやや手間が増えるが、外構の地盤レベルと基礎や基礎梁天端の関係を整理すれば、基礎梁や立上りも地盤下にうまく隠すことができる。基礎柱型は基礎梁より大きくなる場合が多いので、柱芯と基礎梁の芯をずらすことがポイントである。コンクリートで柱脚を隠す場合には、鉄骨柱から周囲のコンクリートに伝わる応力によってコンクリートにクラックが入ることが懸念されるため注意する。十分なコンクリートのボリュームを確保することと、補強筋でクラックを防ぐ。防水にも気をつけたい。

図2 | 露出柱脚をコンクリートで隠す

柱芯

外部　　　内部

ベースプレートが
埋め込まれている

▽1FL
▽1SL
▽GL

打継ぎ▶

300
150

基礎柱型

基礎梁

051

小規模鉄骨造を読み解く
「葛飾の趣居」①

ここでは、Chapter 1で鉄骨造が出来上がるプロセスを解説した「葛飾の趣居」について、ディテールを紹介していく。本事例の柱は、部屋内に柱型を出さないために、100×100の角形鋼管あるいはH形鋼で構成されている。また、柱脚部分にガラスがはめられているため、柱脚部分が見えがかりとなる。柱脚まわりをすっきりとさせるため、コンクリートで隠す納まりを採用している。基礎立上りの幅が200mmしかないため、ガセットプレートを介して柱とベースプレートを接合することで、柱自体がコンクリートの中に埋まることを避け、十分なコンクリート厚を確保することができた。小規模鉄骨造ならではの、繊細な柱脚のディテールを実現している。

あと打ち部分を箱抜きした柱脚部分

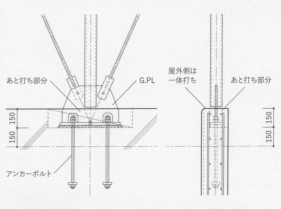

あと打ち部分　　G.PL

150 150

アンカーボルト

屋外側は
一体打ち　　あと打ち部分

150 150

柱脚断面図 | 1/30

［架構］
防耐火の要点・鉄骨を見せるコツ

鉄骨造は、上手に構造計画を行うことによって、細く繊細で、かつダイナミックな架構をつくることができる。これは木造やRC造では実現できない、鉄骨造の最大の利点である。また、繊細な架構は、あらわしで見せることがデザインの腕の見せどころである。ここでは、鉄骨の架構を美しく見せる際の意匠上の要点をまとめる。 鉄骨の架構をあらわしで見せるときには、①構造制限（耐火建築物・準耐火建築物等）を適切に選ぶ、②架構の部材、接合部のディテールに注意する、③施工上必要な要素を見落とさない、という3つのポイントに注意する必要がある。

1────鉄骨造の構造制限

建物の規模、用途によって構造制限が設けられる［表1、2］。たとえば診療所や保育所は、小規模でも3階建てにした場合、耐火建築物とする必要がある。また、防火地域・準防火地域内では、規模によって構造制限が設けられている［表3］。平成30年の建築基準法改正によって、従来の耐火建築物・準耐火建築物に加えて、延焼防止建築物、準延焼防止建築物が新たに加えられた。また、構造制限による内装制限の適用など［表2］、防耐火に関する構造方法は、さまざまな部位の防火性能に影響するため、総合的に理解しておく。

表1｜用途による構造制限　　法27、令110〜110の5、115の3〜116より

用途		耐火建築物としなければならない条件		耐火建築物、または準耐火建築物としなければならない条件
		その用途のある階	その用途の床面積の合計	その用途の部分の床面積の合計
(1)	劇場・映画館・演芸場	3階以上の階	客室部分≧200m²（屋外観覧席≧1,000m²）	―
		主階が1階にないもの		
	観覧場・公会堂・集会場	3階以上の階		
(2)	地上3階建ての下宿・共同住宅・寄宿舎（3階部分の全てが当該用途で防火地域以外に限る）	共同住宅では3階以上の階を共同住宅の用途に供した場合、その規模に関わらず耐火建築物としなければならないが、防火地域以外の区域内にあり、所定の措置を講じた場合は木造で建築することができる。「その用途のある階」では、床面積の規模に関わらず、耐火義務、準耐火義務が適用される。		木造の1時間準耐火建築物で可
(3)	病院・診療所（患者の収容施設があるもの）・ホテル・旅館・下宿・共同住宅・寄宿舎・児童福祉施設等（幼保連携型認定こども園を含む）（有料老人ホーム・老人福祉施設など含む）	3階以上の階	―	2階の床面積の合計≧300m²（病院・診療所は、2階に病室がある場合）
	学校・体育館・博物館・美術館・図書館・ボーリング場・スキー場・スケート場・水泳場・スポーツ練習場	3階以上の階	―	2,000m²以上
(4)	百貨店・マーケット・展示場・キャバレー・カフェ・ナイトクラブ・バー・ダンスホール・遊技場・公衆浴場・待合・料理店・飲食店・物販店舗（床面積>10m²）	3階以上の階	3,000m²以上	2階の床面積の合計≧500m²
(5)	倉庫	―	3階以上の用途の床面積の合計≧200m²	1,500m²以上
(6)	自動車車庫・自動車修理工場・映画スタジオ・テレビスタジオ	3階以上の階	―	150m²以上（準耐火建築物は不燃構造のみ）
(7)	建令116条の表の数量以上の危険物の貯蔵場または処理場	―	―	全部

表2｜内装制限の適用例　　法35の2、令128の3の2〜128の5より

構造・規模・内装／建築物用途	耐火建築物（イ準耐火建築等）	準耐火建築物（イ準耐を除く。）等	その他の建築物	内装箇所（壁・天井）	内装材料
① 劇場・映画館・演芸場・観覧場・公会堂・集会場	客席≧400m²	客席≧100m²	客席≧100m²	居室	難燃
				通路・階段等	準不燃
② 病院・診療所（患者の収容施設があるもの）・ホテル・旅館・下宿・共同住宅・寄宿舎・児童福祉施設等（幼保連携型認定こども園を含む）	3階以上の合計≧300m²	2階部分≧300m²	床面積≧200m²	居室	難燃
				通路・階段等	準不燃
③ 百貨店・マーケット・展示場・キャバレー・カフェ・ナイトクラブ・バー・ダンスホール・遊技場・公衆浴場・待合・料理店・飲食店・物販（加工修理業）店舗（>10m²）	3階以上の合計≧1,000m²	2階部分≧500m²	床面積≧200m²	居室	難燃
				通路・階段等	準不燃
④ 自動車車庫・自動車修理工場	全部適用			その部分および通路等	
⑤ 地階で上記①〜③の用途に供するもの	全部適用			居室および通路・階段等	
⑥ 大規模建築物	階数≧3で延面積>500m²・階数=2で延面積>1,000m²・階数=1で延面積>3,000m²			居室	難燃
				通路・階段等	準不燃
⑦ 住宅および併用住宅の調理室・浴室		階数≧2の建築物の最上階以外の階		火気使用室	準不燃
⑧ 住宅以外のボイラー室等		全部適用			準不燃
⑨ 無窓の居室	床面積>50m²			居室および通路・階段等	準不燃
⑩ 建法28-1ただし書の居室	全部適用				

法=建築基準法
令=建築基準法施行令
文献1を元に作成（以下表2、7）

052

表3 | 防火地域・準防火地域内の建築物の構造制限　　　　　　　　　　　　　　法61〜65、令109、136の2、136の2の2

地域＼延面積　階数		S>100m²	S≦100m²	
防火地域	階数≧3（地階を含む）	耐火建築物、延焼防止建築物	耐火建築物、延焼防止建築物	
	階数2または、階数1	耐火建築物、延焼防止建築物	準耐火建築物、準延焼防止建築物	

地域＼延面積　階数		S≦500m²	500m²<S≦1,500m²	S>1,500m²
準防火地域	地上階数≧4	耐火建築物、延焼防止建築物	耐火建築物、延焼防止建築物	耐火建築物、延焼防止建築物
	地上階数3	準耐火建築物、準延焼防止建築物	準耐火建築物、準延焼防止建築物	耐火建築物、延焼防止建築物
	地上階数≦2	防火構造等、準延焼防止建築物	準耐火建築物、準延焼防止建築物	耐火建築物、延焼防止建築物

地域	建築物の部分	建築物の用途または構造	必要な性能	屋根の構造方法	
法22条地域	屋根	不燃性物品の倉庫などで屋根以外に主要構造部が準不燃材料など	非発炎性	①〜④のいずれか	①不燃材料でつくるか、ふく ②準耐火構造（屋外面を準不燃材料） ③耐火構造＋（屋外面）断熱材と防火材 ④難燃材料でつくるか、ふく
		その他	非発炎性	①〜③のいずれか	
			非損傷性		
	外壁の開口部	すべての建築物	準遮炎性		延焼のおそれのある部分に防火設備（防火戸、ドレンチャーその他火炎を遮る設備）

① 耐火構造

前述したように小規模鉄骨造でも耐火構造としなければならない場合がある。耐火構造は柱・梁をロックウールなどで耐火被覆することが一般的な工法であり、その場合鉄骨をあらわしにすることはできない（ロックウールで被覆された鉄骨をあえて見せる場合もある）。鉄骨を見せたい場合には耐火塗料という選択肢がある。通常の塗装よりも塗膜が厚いが、ほぼ躯体のままで見せることが可能である。ただし、コストも高いので、部位を限定するなど工夫が必要である［表4］。

② 耐火被覆の種類

耐火被覆は、耐火構造とイ準耐火構造（法2条・九の三・イ）に用いられる。耐火被覆には以下のような種類がある。それぞれの特徴と適用部位をよく理解して使用すること［表5］。

- 湿式工法
  （ロックウール吹付け、セラミック系耐火被覆材吹付けなど）
- 半乾式工法
- 乾式工法
  （ケイカル板、ロックウールフェルト巻付けなど）
- 合成耐火被覆工法　［図1］
  （湿式もしくは乾式の耐火被覆とALC版などの耐火構造の壁を組み合わせて大臣認定を取得したもの）
- 耐火鋼
  （採用には耐火設計が必要）
- 耐火塗料

表4 | 部位ごとに求められる耐火性能（耐火構造の場合）

構造部分		耐火構造（法2）
		最上階及び最上階から数えた階数が2以上4以内の階（令107）
間仕切り壁	（非耐力壁）	1時間
	（耐力壁に限る）	1時間
外壁	耐力壁	1時間
	非耐力壁　延焼のおそれのある部分	1時間
	上記以外の部分	30分
柱		1時間
床		1時間
梁		1時間
屋根		30分
階段		30分

法2〜7、令107より

表5 | 耐火被覆の種類

工法	材料	施工方法
湿式工法	ロックウール、セラミック系耐火被覆材	吹付け
半乾式工法	ロックウール	吹付け
乾式工法	ケイカル板、成形板等	張付け
	ロックウールフェルト等	巻付け
合成耐火被覆工法	図1参照	
耐火鋼	FR鋼	―
耐火塗料	発泡性耐火塗料	―

図1 | 合成耐火被覆の例

吹付けロックウール＋ALC版　　　　繊維混入ケイ酸カルシウム板＋ALC版 押出成形セメント板

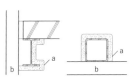

a：吹付けロックウール
b：ALC版、押出成形セメント板

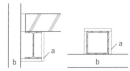

a：ケイ酸カルシウム板
b：ALC版、押出成形セメント板

③準耐火建築物の構造

鉄骨造の準耐火建築物には、耐火被覆を設ける「イ準耐」のほか、外壁耐火構造と呼ばれる「ロ準耐1号」と、不燃構造と呼ばれる「ロ準耐2号」がある。ロ準耐1号は外壁を耐火構造とするなどの選択をすれば、柱・梁等の構造躯体には構造制限がかからないため、架構をあらわしにすることができる。ロ準耐2号は、鉄骨が「不燃材料」であることの特性を活かすことができる方法であ

る。外壁が延焼のおそれのある部分であっても防火構造で済むため、外壁のデザインの選択肢も増える[表6、7、図2]。

2──── 意匠性のある形鋼

鉄骨の形鋼には、H形鋼や鋼管のほかに、さまざまな断面がある。さまざまな使用方法が考えられるCT形鋼(カットT)や、レール材、球平形鋼などユニークな形状のものもあるので、工夫して使っ

図2 | 準耐火構造の種類[1]

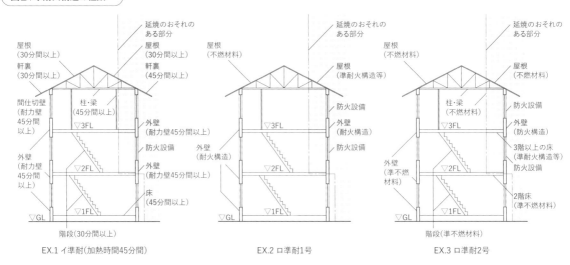

EX.1 イ準耐(加熱時間45分間)　　　EX.2 ロ準耐1号　　　EX.3 ロ準耐2号

(注)主要構造部はそれぞれかっこ内で示す非損傷性(軒裏の場合は遮熱性)の 加熱時間に基づく準耐火構造とする

表6 | イ準耐とロ準耐

種類	概要	根拠条文
イ準耐	主要構造物を準耐火構造とした建築物で、外壁の開口部で延焼のおそれのある部分に防火設備を設けたもの	法2・九の三・イ
ロ準耐	次の2種類がある	法2・九の三・ロ
	外壁耐火構造(ロー1号)	令109の3・一
	軸組(柱・梁)不燃構造(ロー2号)	令109の3・二

図3 | 特殊レール材の例[2]

クレーン用レール(CR73kg、100kg)　ポイント用レール(PR50S、70S)　ポイント用レール(PR80S)

表7 | 準耐火構造の技術的基準

[分]

部分種別		壁					柱	床	梁	屋根				階段
		耐力壁		非耐力壁							軒裏			
		間仕切壁	外壁	間仕切壁	外壁							延焼のおそれのある部分		
					延焼のおそれのある部分									
					有	無						有	無	
45分準耐	非損傷性	45	45	—	—	—	45	45	45	30	—	—		30
	遮熱性	45	45	45	45	30	—	45	—	—		45	30	—
	遮炎性	—	45	—	45	30	—	—	—	30		—	—	—
1時間準耐	非損傷性	60	60	—	—	—	60	60	60	30	—	—		30
	遮熱性	60	60	60	60	30	—	60	—	—		60	30	—
	遮炎性	—	60	—	60	30	—	—	—	30		—	—	—

てみるのも面白い[図3]。

①下地に使える形鋼

形鋼には図4の軽Z形鋼やハット形鋼のような下地に使うと便利な形状のものもある。たとえばハット形鋼はウッドデッキの根太として使われることも多い。量が多い場合など、曲げ材を使うよりもコストメリットがあるため、便利な形鋼として知っておくと、下地構成の選択肢が増える。

②デザインできる断面形状

鉄骨架構のデザインは形鋼を使うだけではない。熱押形鋼や鋳造品など、設計者が望む形をつくることができる技術がある。熱押形鋼は熱間押出法により製造される。熱間押出法は、1,200℃前後に加熱した丸ビレットをさまざまな形状に機械加工したダイスを通して押出し成形する。アルミ形材のつくり方と同様の方法が、鉄でもつくれるのである。鋳造は木型などでオス型を製作し、鋳物砂を使ったメス型に溶鉄鋼を流し込んで鋳込むことによって、自由な形をつくることができる[図5、6]。熱押形鋼は、柱やカーテンウォールのマリオンなどに用いられる。鋳造品は、トラスや分岐柱の接合部など、形鋼でつくると複雑になりがちな接合部をシンプルな形状にするために採用されることが多い。鋳造品は構造だけでなく、手すりの支柱など意匠材として利用できる汎用性の高い素材である。

3───施工上見落としてはいけないポイント

鉄骨造にはエレクションピースやスカラップ、エンドタブ（Chapter 2参照）、吊りフックなど、製作上あるいは現場作業上必要になる部材が存在する。設計図には現れてこない部材なので、出来上がったあとに思いがけず見えてしまうこともあるため、その位置や処理には十分に気を使うこと。また、ダイアフラムやスプライスプレート、スチフナー（Chapter 2参照）など、見落としがちな構造部材もあるため、意匠設計者としても鉄骨架構がどのように構成されるかという構造的な仕組みをしっかりと理解する。また、現場での上向き溶接は極力避けるようにするなど、施工方法によってできる納まりとできない納まりがあるので、施工方法もしっかりと理解しなければならない。

図5｜木の枝のように広がる特徴的な柱

静岡理工科大学建築学科棟enTree
設計=古谷誠章＋NASCA｜撮影=淺川敏

図6｜鋳造でつくられた柱の分岐点

写真提供＝日本鋳造

図4｜さまざまな種類の形鋼[2]

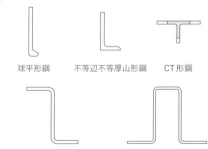

球平形鋼　　不等辺不等厚山形鋼　　CT形鋼

軽Z形鋼(40×20×20 t=2.3)　　ハット形鋼(40×20×20 t=1.6)

［屋根］
防水と断熱、
シャープなデザイン

1——— 鉄骨造に適した屋根・防水材

鉄骨造の勾配屋根に使う素材は金属板が一般的である。ほかにはアスファルトシングル、カラーベストなどがある。基本的な納まりは、鉄骨梁に母屋を流した上に、野地板・ルーフィングを張ったあと、屋根材を葺く。金属板の屋根材は、葺き方によって勾配の制限があるので注意が必要である。また、屋根に耐火性能が必要になる場合は、告示の仕様とするか、大臣認定品を選定する。

陸屋根の場合の防水材は、母屋＋野地板の乾式屋根かコンクリートスラブを打つ湿式屋根かによって異なる。乾式屋根の場合はシート防水が一般的だが、湿式の場合はアスファルト防水、ウレタン塗

膜防水なども使われる。鉄骨の動きに追従できる弾性性能をもつ防水材を選定する必要がある。

2——— 屋根材・防水材の選定

屋根材・防水材の選定については勾配屋根と陸屋根で選ぶポイントが異なる。勾配屋根は、勾配寸法によって使える素材が変わる。陸屋根（防水材）は、下地が湿式か、乾式かによって素材が異なる。図1に標準的な選定の考え方を示す。屋根形状と素材の特徴を理解して選択すること。

3——— 陸屋根の防水材と納まり

鉄骨造の陸屋根下地は、大きく分けて以下のものがある。

［湿式下地］
- デッキプレート＋コンクリート（合成床版）［図2］

［乾式下地］
- デッキプレート＋断熱パネル
- ALC［図3］

056

図1｜屋根材・防水材の選定フロー

緩勾配とは、屋根の勾配が2/10以下のものをいう。勾配屋根の場合、勾配によって使用できる材料が異なることに注意が必要である。ただし、一文字葺きの粘着工法など、緩勾配でも採用できる工法をメーカーが出しているものもある。その他、金属板にはガルバリウム鋼板やチタン亜鉛合金複合板など、数多くの種類がある、耐候性やコストを勘案して選択することが求められる

鉄骨造の陸屋根は、デッキプレート＋RC（湿式）とするかその他の乾式にするかで大きく考え方が変わる。RCとする場合は、防水材の選択肢が増えるが、建物全体の重量が大きくなるため、構造体への影響も検討しなければならない。近年では陸屋根として屋上緑化をする場合も多いが、その際は屋根の重量が増え、防水の弱点も生まれがちなので、特に納まりには気を配りたい

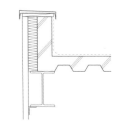

図2｜合成床版のパラペット納まり

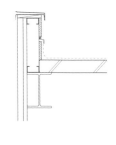

図3｜ALC床版のパラペット納まり

- ボード系下地

防水材は、それぞれの下地に対して、以下のように選択可能である。

[湿式下地]
- アスファルト防水

  長い実績があり、高い防水性能がある。施工時熱を使用するため、条件によっては採用しづらい。（常温工法もある）
- 樹脂系シート防水

  施工性は高いが、接着剤の付着性、強風による剥がれ対策が必要
- 樹脂系塗膜防水

  乾燥に時間がかかるため、バルコニーなど狭い範囲での使用に適しているが、昨今は技術が進化し、超速硬化ウレタン防水など乾燥時間の短い工法もある
- FRP防水

  防水性は高くプールなどでも使用できるが、伸縮性に乏しくキャンチレバーなど変形が大きい部分には適さない

[乾式下地]
- 樹脂系シート防水
- FRP防水

乾式下地の場合は、鉄骨の挙動に追従できる防水材を選ぶことが必須である。

4———勾配屋根の種類と屋根材

勾配屋根には表1、図4のような種類と屋根材がある。住宅などの小規模建築では一般的にカラーガルバリウム鋼板が使われる。コストと耐候性などの性能のバランスがよいためだ。ステンレスやチタンなどは耐候性・耐久性に優れるが、コストが高い。海が近いなど敷地の環境などを考慮して総合的に素材を決める必要がある。

素材によって、板材の硬度が異なり、加工性が異なるので、葺き方の向き不向きがある。

また、葺き方によって可能な屋根勾配の数値が異なるので、屋根形状に合わせた構法を選択しなくてはならない。

表1│金属屋根材料と屋根構法の関係

金属屋根材料 ＼ 屋根構法	一文字葺き	心木あり瓦棒葺き	心木なし瓦棒葺き	立ハゼ・立平葺き	波板葺き	折板葺き	横葺き	金属瓦葺き	フラットルーフ	ステンレスシート防水
一般的な最低屋根勾配	10/30	10/100	5/100	5/100	30/100	3/100	25/100	30/100	3/100	1/100
表面処理鋼板 カラー鋼板 ガルバリウム鋼板 カラーガルバリウム鋼板	○	◎	◎	◎	◎	◎	◎	◎	◎	×
アルミめっき鋼板	○	○	○	○	◎	◎	○	○	○	×
塩ビ鋼板	○	○	○	○	○	◎	○	○	○	×
耐酸被覆鋼板	○	○	○	○	○	◎	○	○	○	×
ステンレス鋼板	○	○	○	○	○	○	○	○	○	◎
アルミニウム合金板	○	○	○	○	○	◎	○	○	○	×
銅板	◎	◎	○	○	－	○	◎	○	－	×
チタン亜鉛合金板	○	○	○	○	－	○	○	○	○	×
チタン合金板	○	○	○	○	－	○	○	○	○	◎

[凡例]
◎ 適用可能
○ 適用可能（加工または施工に注意が必要）
× 適用不可
－ 使用例がほとんど見られない

図4│屋根材の種類（勾配屋根）

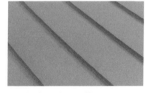
金属板立ハゼ（立平）葺き
写真提供＝新星商事

金属板折板葺き
写真提供＝三晃金属

金属板瓦棒葺き
写真提供＝三晃金属

金属板横葺き
写真提供＝ヨドコウ

アスファルトシングル
写真提供＝タジマ

カラーベスト
写真提供＝KMEW

5———勾配屋根の基本的な納まり

勾配屋根の納まりの例を図5–10に示す。

図5 | 横葺き屋根の内軒樋詳細

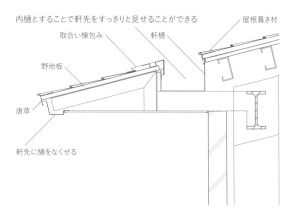

内樋とすることで軒先をすっきりと見せることができる

取合い棟包み
軒樋
屋根葺き材
野地板
唐草

軒先に樋をなくせる

図6 | けらばの詳細（心木なし瓦棒葺き）

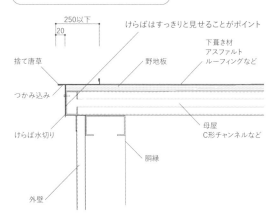

250以下
20

けらばはすっきりと見せることがポイント

捨て唐草
下葺き材
アスファルト
ルーフィングなど
野地板
つかみ込み
けらば水切り
母屋
C形チャンネルなど
胴縁
外壁

図7 | 横葺き屋根の軒先詳細

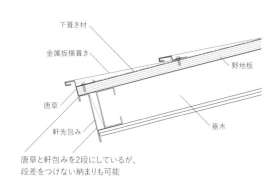

下葺き材
金属板横葺き
野地板
唐草
軒先包み
垂木

唐草と軒包みを2段にしているが、
段差をつけない納まりも可能

図8 | 横葺き屋根の通気工法の例

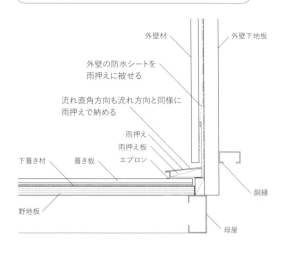

結露防止のため、小屋裏や屋根裏の換気を確保する。
切妻の場合換気棟を設けることが一般的

換気棟
屋根葺き材
通気
下葺き材
野地板

図9 | 横葺き屋根の壁面との取合い部詳細（流れ方向）

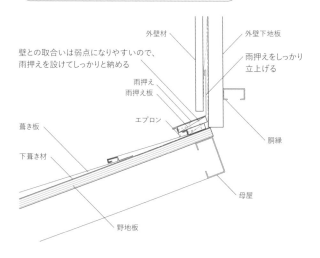

外壁材
外壁下地板
壁との取合いは弱点になりやすいので、
雨押えを設けてしっかりと納める

雨押えをしっかり
立上げる

雨押え
雨押え板
エプロン
葺き板
胴縁
下葺き材
母屋
野地板

図10 | 横葺き屋根の壁面との取合い部詳細（流れ直角方向）

外壁材
外壁下地板
外壁の防水シートを
雨押えに被せる

流れ直角方向も流れ方向と同様に
雨押えで納める

雨押え
雨押え板
エプロン
下葺き材
葺き板
胴縁
野地板
母屋

058

6——屋根の防耐火

建築基準法では、防火地域・準防火地域の建築物の屋根について、防火に関連する一定の技術的水準を材料に対して要求している。法22条で定められる区域（22条区域）も同様である。たとえば、防火地域または準防火地域では、**図11**の建設省告示1365号に定められる仕様またはメーカーが個別に「飛び火認定」を取得した材料で葺かなければならない。

7——屋根の断熱

屋根面の断熱は大きく分けて3つの方法がある。勾配屋根と陸屋根でそれぞれ以下のような方法がある。

［勾配屋根］

① 母屋に充填断熱

→ 屋根の梁を見せたいときに採用する。

● 断熱材：グラスウール 等

② 屋根の内側に断熱材吹付け

● 断熱材：現場発泡ウレタン、ロックウール 等

③ 天井に断熱材敷込み

→ コストメリットがある。小屋裏換気が必要。

● 断熱材：グラスウール 等

［陸屋根］

① 外断熱

→ 防水材と合わせて選定する。

● 断熱材：硬質ウレタンフォーム、ポリスチレンフォーム等

② 屋根の内側に断熱材吹付け

● 断熱材：現場発泡ウレタン、ロックウール 等

③ 天井に断熱材敷込み

→ コストメリットがある。小屋裏換気が必要。

● 断熱材：グラスウール 等

8——屋根の省エネルギー

「建築物のエネルギー消費性能の向上に関する法律」（以下「建築物省エネ法」）が平成27年に公布された。300m²以上の新築・増改築工事に届出義務が課せられるとともに、省エネルギー基準値が定められている（**表2**は地域区分による基準値の例）。建築物省エネ法に関する法令は年々改変がなされており、基準値の見直しも随時行われている。絶えず最新の動向を追っておきたい。

図11｜防火地域または準防火地域内の建築物の屋根の構造方法の例

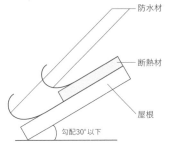

防水材	アスファルト防水工法、改質アスファルトシート防水工法、塩化ビニル樹脂系シート防水工法、ゴム系シート防水工法、または塗膜防水工法等
断熱材	ポリエチレンフォーム、ポリスチレンフォーム、硬質ポリウレタンフォームその他、これらに類する材料を用いたもので、その厚さの合計が50mm以下なものに限る
屋根	耐火構造｜施行令107条および告示1399号にて定められた構造方法 ※施行令107条の基準→通称30分耐火

勾配30°以下

平成12年5月25日建設省告示第1365号

表2｜建築物省エネ法による基準値の地域区分（平成28年省エネ基準）

U_A：住棟単位外皮平均熱貫流率　η_{AC}：住棟単位冷房期平均日射熱取得率

地域区分	都道府県名	U_A(W/m²/K)	η_{AC}
1	北海道	0.46	－
2	北海道、青森県、岩手県、秋田県、福島県、栃木県、群馬県、長野県	0.46	－
3	北海道、青森県、岩手県、宮城県、秋田県、山形県、福島県、栃木県、群馬県、石川県、山梨県、長野県、岐阜県、奈良県、広島県	0.56	－
4	青森県、岩手県、宮城県、秋田県、山形県、福島県、茨城県、栃木県、群馬県、埼玉県、東京都、新潟県、石川県、福井県、山梨県、長野県、岐阜県、愛知県、兵庫県、奈良県、和歌山県、鳥取県、島根県、岡山県、広島県、愛媛県、高知県	0.75	－
5	宮城県、秋田県、山形県、福島県、茨城県、栃木県、群馬県、埼玉県、千葉県、東京都、神奈川県、新潟県、富山県、石川県、福井県、山梨県、長野県、岐阜県、静岡県、愛知県、三重県、滋賀県、京都府、大阪府、兵庫県、奈良県、和歌山県、鳥取県、島根県、岡山県、広島県、山口県、徳島県、愛媛県、高知県、福岡県、熊本県、大分県、宮崎県	0.87	3.0
6	茨城県、栃木県、群馬県、埼玉県、千葉県、東京都、神奈川県、石川県、福井県、山梨県、岐阜県、静岡県、愛知県、三重県、滋賀県、京都府、大阪府、兵庫県、奈良県、和歌山県、鳥取県、島根県、岡山県、広島県、山口県、徳島県、香川県、愛媛県、高知県、福岡県、佐賀県、長崎県、熊本県、大分県、宮崎県、鹿児島県	0.87	2.8
7	千葉県、東京都、神奈川県、静岡県、愛知県、三重県、大阪府、和歌山県、山口県、徳島県、愛媛県、高知県、福岡県、長崎県、熊本県、大分県、宮崎県、鹿児島県	0.87	2.7
8	東京都、鹿児島県、沖縄県	－	6.7

059

9──鉄骨造らしいシャープな 屋根デザイン

本項では、鉄骨造らしいシャープな屋根デザインをする手法の実例を挙げながら、設計のポイントを解説する。

---

①唐草のないシンプルな軒先

経堂の住宅｜設計＝長谷川豪建築設計事務所

屋根の先端は薄く、シンプルに見せたいところであるが、建物本体から跳ね出す部分であり、それを支持するための垂木のような構造体、屋根を納めるための唐草や鼻隠しなどの部材が一般的には必要になる。

図12に示す「経堂の住宅」は、屋根の軒先を3.2mmの鋼板と軒樋を組み合わせることで、ガルバリウムの板金屋根を樋の手前で仕舞い、正面から唐草などの部材が見えないように納めている。また、垂木を用いず、屋根自体を25mmのキーストンプ

レートでつくり、剛性を確保しながら全体で60mmという薄い屋根を実現している。「線」を極限まで減らしたシンプルな軒先のディテールである。

---

②重ねることでジョイントをなくした鋼板屋根

東戸塚教会｜設計＝平田晃久建築設計事務所

図13は、屋根を鋼板で構成した例である。外装に鋼板を採用する際にはジョイントに留意したい。一般的な溶接では水密性は確保できない。水密溶接を行えば性能は確保できるが、鋼板の仕上げを塗装とした場合、塗料の経年劣化で次第に溶接跡が目立つようになってしまう。また、鋼板の熱伸びにも対応する必要がある。

この「東戸塚教会」は、屋根を分割し、6mmの鋼板を重ねることで溶接を避け、水密性を確保しながらシンプルさとシャープさを実現している。屋根同士は大きくクリアランスをとって重ねることで、雨仕舞を良くするとともに、鉄の熱伸びをもそのク

060

図12｜経堂の住宅｜設計＝長谷川豪建築設計事務所

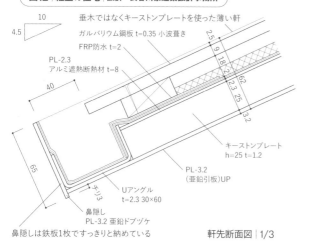

垂木ではなくキーストンプレートを使った薄い軒
ガルバリウム鋼板 t=0.35 小波葺き
FRP防水 t=2
PL-2.3
アルミ遮熱断熱材 t=8
キーストンプレート h=25 t=1.2
PL-3.2 (亜鉛引板)UP
Uアングル t=2.3 30×60
鼻隠し PL-3.2 亜鉛ドブヅケ
鼻隠しは鉄板1枚ですっきりと納めている

軒先断面図｜1/3

図13｜東戸塚教会｜設計＝平田晃久建築設計事務所

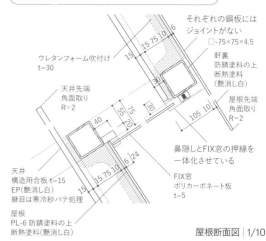

それぞれの鋼板にはジョイントがない
□-75×75×4.5
軒裏 防錆塗料の上 断熱塗料 (艶消し白)
ウレタンフォーム吹付け t=30
天井先端 角面取り R=2
屋根先端 角面取り R=2
鼻隠しとFIX窓の押縁を一体化させている
天井 構造用合板 t=15 EP(艶消し白) 継目は寒冷紗パテ処理
FIX窓 ポリカーボネート板 t=5
屋根 PL-6 防錆塗料の上 断熱塗料(艶消し白)

屋根断面図｜1/10

撮影＝長谷川豪建築設計事務所

それぞれの鋼板にはジョイントがない

撮影＝阿野太一

リアランスでキャンセルしている。

---

③形鋼の鼻隠しを使ったシャープな軒先

清荒神清澄寺休憩所・売店｜設計＝竹中工務店

図14は屋根の軒先の先端を形鋼でつくった例である。ここでは、SUS L-50×50×5が使われている。

通常板金屋根の場合は、鼻隠しも板金でつくることが多い。その場合どうしても下地の厚みが出てしまうため、シャープに行かないことが多い。

ここではLアングルを2つ段差をつけて鼻隠しにすることによって影をつくり、軒先をシャープに見せている。軒先の下地であるスチールプレートからさらにLアングルの支持ブラケットを持ち出している。

ガラス面ではなく、奥のボリュームから屋根を跳出し、外壁に柱を設けないことで、屋根があたかも浮遊しているように見せているのもこの屋根の特徴である。

図14｜清荒神清澄寺休憩所・売店｜設計＝竹中工務店

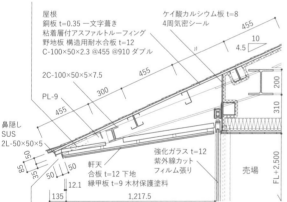

先端はPL-9で持ち出して薄くしている

屋根
銅板 t=0.35 一文字葺き
粘着層付アスファルトルーフィング
野地板 構造用耐水合板 t=12
C-100×50×2.3 @455 @910 ダブル
ケイ酸カルシウム板 t=8
4周気密シール
2C-100×50×5×7.5
PL-9
鼻隠し
SUS
2L-50×50×5
軒天
合板 t=12 下地
縁甲板 t=9 木材保護塗料
強化ガラス t=12
紫外線カット
フィルム張り
売場
FL＋2,500

2段にLアングルを重ねたシャープな軒先

軒先断面図｜1/30

写真提供＝
竹中工務店

小規模鉄骨造住宅を読み解く
「葛飾の趣居」②

ガラスの落下防止板と一体化した
パラペットの納まり

「葛飾の趣居」の3階バルコニーには、支柱のない転落防止柵（FB-19×75）と床から450mm立ち上がったガラス落下防止板を設けている。ボンデ鋼板でつくったパラペット笠木をガラス枠兼用とし、余計なガラス支持部材を設けないすっきりとした納まりとしている。支柱のない転落防止柵はあらかじめたわみ量を計算し、凸型にむくませて鉄骨柱に溶接した。

パラペットと手前のガラス落下防止板

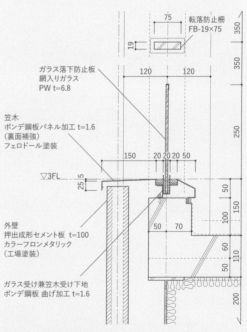

転落防止柵
FB-19×75

ガラス落下防止板
網入りガラス
PW t=6.8

笠木
ボンデ鋼板パネル加工 t=1.6
（裏面補強）
フェロドール塗装

▽3FL

外壁
押出成形セメント板 t=100
カラーフロンメタリック
（工場塗装）

ガラス受け兼笠木受け下地
ボンデ鋼板 曲げ加工 t=1.6

パラペット部分断面図｜1/10

061

［床］
基本的な構成を
理解する

1 ——— 鉄骨造の床のつくりかた

鉄骨造の床は、木造と同様に軸組系である以上、何かしらの面材を張る必要がある。面材の床材は一般的に、性能として求められる遮音性を確保するのが難しい。それに対して鉄骨造では、デッキプレートとコンクリートを複合した合成床版［図1］を採用できるということが特徴である。床の剛性を確保でき、強度、遮音性、耐振動性などの性能も確保できる。

しかしながら、地盤が弱く、基礎に負担をかける

ことができないなど、床の荷重を小さくする必要がある場合は、ALC版［図2］を使用することも多い。ALC版を使用する場合は、強度を確保するために床ブレースなどの鉄骨躯体を増やすとともに、下階への音の伝達に注意を払う必要がある。

2 ——— 床仕上げの下地

鉄骨造の場合、木造と異なり、必ずしも床下地組をすることはない。床を直張り、置き床のどちらにするかの選択は、原則として床下に通す設備の配管・配線の考え方による。ただし、床にクッション性をもたせるためには、置き床にする必要がある。置き床は木造のように、根太組をする場合［図3］と鋼製束を用いる場合［図4］があるが、鉄骨造の場合、鋼製束を使用することが一般的である。

排水管などの配管を床下で展開する場合は、下地のふところを確保する必要があるが、合成床

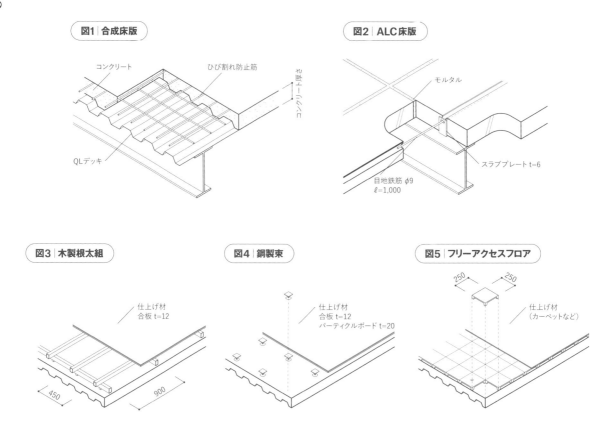

図1｜合成床版

コンクリート
ひび割れ防止筋
コンクリート厚
QLデッキ

図2｜ALC床版

モルタル
スラブプレート t=6
目地鉄筋 φ9
ℓ=1,000

図3｜木製根太組

仕上げ材
合板 t=12
450
900

図4｜鋼製束

仕上げ材
合板 t=12
パーティクルボード t=20

図5｜フリーアクセスフロア

250
250
仕上げ材
（カーペットなど）

版でコンクリートを打つ場合には、電気配管はコンクリートに打込みとすることができる。将来的に電気配線の取り出し位置を変える可能性がある場合には、フリーアクセスフロア[図5]として、床下にふところを確保する。

3———薄い片持ち床のつくり方

デッキプレートを用いた合成床版は、デッキプレートの両端を梁で支持する必要がある。しかし、梁で受けてしまうと床の先端が厚くなってしまう。片持ち床の先端は薄く見せたいところである。その場合には以下のようなつくり方がある。

---

①跳出し部分を在来工法（型枠と支保工で受ける工法）でつくる[図6]。

（300mm程度であればデッキプレートのみで跳出しが可能）。ただし、合成床版の場合、外部足場を設けない場合もあるので、跳出し部分を在来工法とする場合は、仮設計画も含めた検討が必要である。

---

②床を鋼板でつくる[図7]

鋼板のみで床をつくることで薄い床が可能となる。この場合は床仕上げの選択に工夫が必要である。タイルを接着張りにする、もしくは置き床にするなどの選択肢がある。また、鋼板の床は振動や遮音に注意する必要がある。

4———床の段差のつくり方

鉄骨造で床に段差をつける際には、床を受ける梁の構造的な納まりに留意する必要があり、構造計画との綿密な調整をしなければならない。

大梁に段差を設ける場合、柱との接合部でダイアフラム同士の干渉を避ける必要があり、小さな段差はつけられない[図8①]。その場合は、図8②③に示すように、ダイアフラム同士が干渉しないようにする。段差が小さい場合は、大梁には段差をつけず、接続する小梁の高さを変えることで、段差を設ける方法もある[図9]。なお、段差が100mm程度までであれば、大梁・小梁ともレベルを変えずに、かさ上げ材でデッキだけ上げるという方法もある。

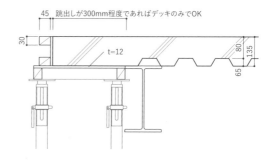

図6 | 型枠・支保工を用いた場合

跳出しが300mm程度であればデッキのみでOK

45 / 30 / t=12 / 80 / 135 / 65

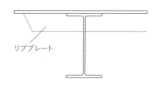

図7 | 鋼板を用いた場合

リブプレート

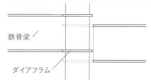

図8 | 柱取合いの段差

①段差が小さいとダイアフラムが干渉してうまく納まらない

鉄骨梁
ダイアフラム

②中間ダイアフラムを2つの梁で共有すればシンプルな納まりに

ダイアフラム
中間ダイアフラム

③梁同士のクリアランスをしっかりとれば納めやすい

ダイアフラム
十分なクリアランス（150mm以上）

図9 | 梁取合いの段差

段差が小さい場合には、梁せいを利用して段差をつくる

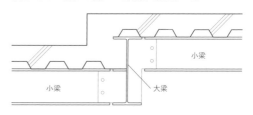

小梁
小梁
大梁

［壁］
断熱と遮音

1——— 鉄骨造に適した外壁材

鉄骨造は、地震や風に対して動きやすいという特徴がある。そのため、外壁材には動きに追従する留付け方法をもつ材料が一般的に使われる。特に高さのある建物は、風による振動を受けやすいので注意が必要である。中・大規模建築では、押出成形セメント板やALC版が使われることが多い。平屋や2階建て程度の低層でブレース構造など動きの少ない建物であれば、クラックの出にくい下地工法を採用するなどして、塗装や左官仕上げをすることも可能であるが、やはりクラックの入るリスクはあると考えたほうがよい。小規模鉄骨造の建物は、窯業系サイディングのような住宅で使用する外壁材から、ビル用の押出成形セメント板、鉄骨と相性の良い金属系パネル材、断熱材と一体化した断熱サンドイッチパネルまで、仕上げのバリエーションが豊富なのが特徴だと言える[図1]。

2——— 一般的な外壁仕上げ納まり

ALC版や押出成形セメント板は、基本的な標準納まりが存在する。これらの外壁材は胴縁がいらず、梁あるいは柱で支持できるのが特徴である[図2]。小規模な鉄骨造で使うことが多いサイディング、金属板、左官仕上げは胴縁が必要になる[図3]。防耐火等の構造については、各メーカーの認定工法が存在する。

3——— 一般的な壁下地

鉄骨造では、外壁にはC形チャンネルを胴縁として使用し、内壁にはLGS（Light Gauge Steel）を下地に使用することが多い。外壁は風荷重を受けるため、下地にも強度が必要である。そのため、一般的にはC形チャンネル（C-60×30×10〜C-100×50×20）程度がよく使われる。

ALC版や押出成形セメント板は下地が不要であり、直接柱もしくは梁で支持する。

鉄骨造の下地の構成は、梁または柱にガセットプレートやアングルピースを溶接し、それにC形チャンネルなどをボルトで留める、といった基本的なセオリーが存在する。そのセオリーさえマスターす

図1｜小規模鉄骨造に使用される外壁の例

ALC版

金属系サイディング
写真提供＝ニチハ

窯業系サイディング
写真提供＝ニチハ

金属板（平葺き）

金属板（大波・小波）（屋根にも使用される）

左官仕上げ
写真提供＝フッコー

　　　　　　　　　　　　　　　　鉄骨造の納まりのポイント

れば、さまざまな形状の壁や材料のディテールに応用できるため、まずはこの基本的な納まりのセオリーを身につけるとよい。

外壁の胴縁を内壁の下地として共有する方法も存在するが、その際には精度の問題が生じる。風を受けるため、内装にクラックが生じる可能性もある。外壁と内壁は下地を共有しないことが一般的である。

内壁のLGSには、いくつかの断面が存在するが、壁の高さによって使い分ける。

4——壁下地の基本的なつくり方── 外壁と内壁

鉄骨造の外壁では、サイディングやパネルなどを竪張りにするか横張りにするかの意匠的な判断をする。

縦張りにするのであれば下地の胴縁は横方向に流し、横張りにするのであれば縦方向に流す。それぞれ柱や梁からの支持方法が異なる[図4,5]。

内壁下地は一般的にLGSが使われる[図6]。

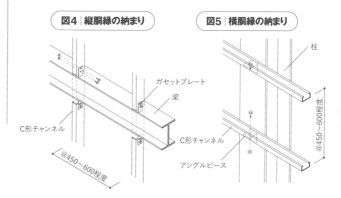

図6｜LGSによる内壁の構造[3]

ランナー
スタッド
振止め
スペーサー
ランナー

50型　65型　90型　100型

LGS50型：　高さ2.7m以下（ただしボード片面のみ）
LGS65型：　高さ4.0m以下
LGS90型：　高さ4.5m以下
LGS100型：高さ5.0m以下

図4｜縦胴縁の納まり

ガセットプレート
梁
C形チャンネル
@450〜600程度

図5｜横胴縁の納まり

柱
C形チャンネル
アングルピース
@450〜600程度

図2｜胴縁がいらない納まり（例：押出成形セメント板／竪張り）[4]

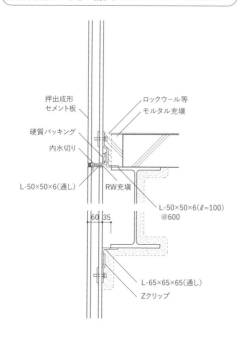

押出成形セメント板
硬質パッキング
内水切り
L-50×50×6（通し）

ロックウール等モルタル充塡
RW充塡
L-50×50×6（ℓ=100）@600

60　35

L-65×65×65（通し）
Zクリップ

図3｜胴縁を使用する納まり（アルミパネル／横張り）

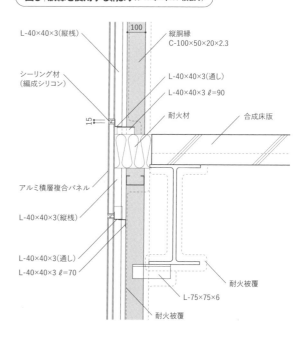

L-40×40×3（縦桟）
シーリング材（編成シリコン）
100
15
アルミ積層複合パネル
L-40×40×3（縦桟）
L-40×40×3（通し）
L-40×40×3 ℓ=70

縦胴縁 C-100×50×20×2.3
L-40×40×3（通し）
L-40×40×3 ℓ=90
耐火材
合成床版
耐火被覆
L-75×75×6
耐火被覆

065

5──熱橋を防ぐ納まり─ 鉄骨造の断熱

鉄骨造は、熱伝導率が非常に大きいため、ヒートブリッジ(熱橋)が起きやすい。表1に屋根、天井を構成する代表的な素材の熱伝導率を示す。特に外断熱の場合は、屋根面で断熱が切れる部分があるため、注意が必要である[図8]。梁の交差部など断熱材を通すことができないところは、600mm厚程度の断熱材の折返しを設けて、補強する。

また、熱橋となる鉄骨部材に内装材を留め付けた場合には、表面結露が発生するおそれがあるので、熱橋対策のために絶縁処理を施す必要がある[図7]。

図7│壁の熱橋対策の例

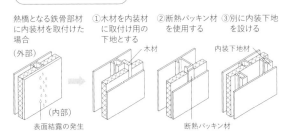

熱橋となる鉄骨部材に内装材を取付けた場合
(外部)
(内部)
表面結露の発生

①木材を内装材に取付け用の下地とする
木材

②断熱パッキン材を使用する
断熱パッキン材

③別に内装下地を設ける
内装下地材

表1│部位ごとの素材の熱伝導率一覧[5]

部位	材料名	熱伝導率 (W/m·K)
屋根材	鋼	55
	ステンレス鋼	15
	アルミニウム	210
	銅	370
	瓦	1.0
天井材	合板	0.16
	パーティクルボード	0.15
	木材	0.12
	石膏ボード	0.22
	ロックウール化粧吸音板	0.064
断熱材・裏張り材	吹付けロックウール	0.064
	グラスウール(24K相当)	0.038
	フェノールフォーム1種1号	0.022
	A種ポリエチレンフォーム1種2号	0.042
	硬質ウレタンフォーム2種1号	0.023
野地材・下葺き材	軽量コンクリート(軽量1種)	0.8
	気泡コンクリート(ALC)	0.19
	コンクリート	1.6
	木毛セメント板	0.13
	木片セメント板	0.15
	モルタル	1.5
その他	ガラス	1.0
	密閉中空層	R=0.15[(m²·K)/W]
	非密閉中空層	R=0.07[(m²·K)/W]

図8│鉄骨梁の裏側の断熱

①屋根スラブを内断熱とした場合

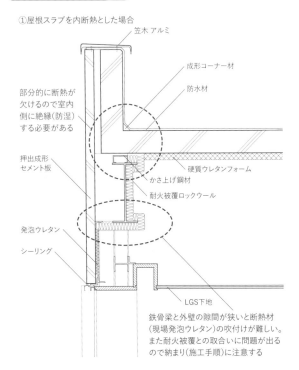

笠木 アルミ
成形コーナー材
防水材
部分的に断熱が欠けるので室内側に絶縁(防湿)する必要がある
押出成形セメント板
硬質ウレタンフォーム
かさ上げ鋼材
耐火被覆ロックウール
発泡ウレタン
シーリング
LGS下地
鉄骨梁と外壁の隙間が狭いと断熱材(現場発泡ウレタン)の吹付けが難しい。また耐火被覆との取合いに問題が出るので納まり(施工手順)に注意する

②屋根スラブを外断熱とした場合

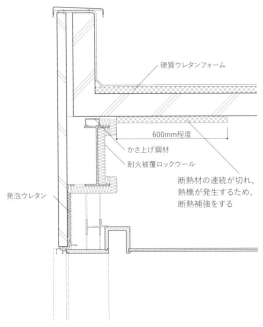

硬質ウレタンフォーム
600mm程度
かさ上げ鋼材
耐火被覆ロックウール
発泡ウレタン
断熱材の連続が切れ、熱橋が発生するため、断熱補強をする

6───鉄骨造の遮音

鉄骨造は湿式のRC造に比べて、遮音性能を確保するためには工夫が必要である。石膏ボードを使用した乾式遮音壁のシステムが各メーカーより出ているため、そのシステムを利用することができる[図9、10]。ただし、注意したいのは一般部ではなく、遮音壁と他部材の取合い部分である。ここに隙間ができてしまうとそこから音が漏れるため、隙間の処理には十分に注意したい。また、ダクトや換気口など、設備にも注意を払わないと思わぬところから音が漏れてしまい、せっかくの遮音壁が機能しなくなってしまう。

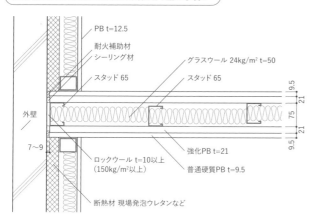

図9｜遮音性に留意した外壁と間仕切り壁の取合い

PB t=12.5
耐火補助材
シーリング材
スタッド 65
外壁
7〜9
ロックウール t=10以上
（150kg/m²以上）
断熱材 現場発泡ウレタンなど
グラスウール 24kg/m² t=50
スタッド 65
9.5
21
75
21
9.5
強化PB t=21
普通硬質PB t=9.5

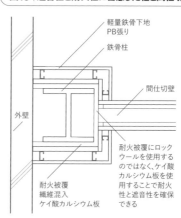

図10｜遮音性と耐火性に留意した柱と間仕切り壁の取合い

軽量鉄骨下地
PB張り
鉄骨柱
間仕切壁
外壁
耐火被覆
繊維混入
ケイ酸カルシウム板
耐火被覆にロックウールを使用するのではなく、ケイ酸カルシウム板を使用することで耐火性と遮音性を確保できる

067

小規模鉄骨造を読み解く
「葛飾の趣居」③

浮き床遮音構造による遮音

「葛飾の趣居」には、バスケットコートがある。住宅地のため、隣接する住居に音が伝わらないように遮音構造を採用している。室内で発生した音は、空気を伝わる音（空気伝搬音）と躯体などの物体を伝わる音（固体伝搬音）がある。空気伝搬音に対しては、上述した遮音壁で遮断することが可能であるが、固体伝搬音は、床材、躯体、土などを経由して振動として伝わってしまうことがある。それを避けるために、ここでは浮き床遮音構造を採用している。浮き床遮音構造とは文字通り建物の躯体から床を「浮かせて」音を絶縁する方法である。絶縁体としてはCRゴムを使用し、その上にキーストンプレートを載せてコンクリートの床をもう1層設けている。

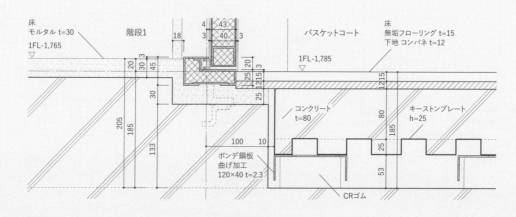

床
モルタル t=30
1FL-1,765
階段1
18
4｜43
3｜40｜3
205
185
133
20
30 3
45
30
25 2 15 3
ボンデ鋼板
曲げ加工
120×40 t=2.3
100　10
床
無垢フローリング t=15
下地 コンパネ t=12
バスケットコート
1FL-1,785
コンクリート
t=80
キーストンプレート
h=25
12 15
80
185
25
53
CRゴム

床断面図｜1/6

［開口部］
自由度の高い
デザイン

1 ——— 鉄骨造と開口部

現代では窓にはアルミ、スチール、ステンレス製のサッシを使うことが一般的である。ほかに木製サッシもあるが、鉄骨造で使うことは稀であるため、ここでは割愛する。玄関などの扉にも同様である。ほかの開口部としてはカーテンウォールがある。カーテンウォールとは、非耐力壁としての外壁である。

サッシとカーテンウォールの納まり上の違いは、サッシが鉄骨などに溶接あるいはビス留めで接合されるのに対し、カーテンウォールは、ファスナーと呼ばれる躯体もしくは水平力を受ける「マリオン」から持ち出した取付け部材にボルト留めで接合される。サッシは小規模な窓に使われ、カーテンウォールは大開口に用いられることが一般的である［図1］。

2 ——— 開口部と防火設備

防火地域・準防火地域においては、「外壁の開口部で延焼のおそれのある部分」には防火設備の設置が求められる。「延焼のおそれのある部分」とは、道路中心線もしくは隣地境界線から1階で3m、2階で5mの範囲の部分である。平成31年に改正された告示で細かく仕様が定められている。告示に定められていないものはすべて、それぞれのメーカーが取得する個別認定品となる［表1］。

図1｜アルミサッシとカーテンウォールの標準納まり

断面図｜1/10

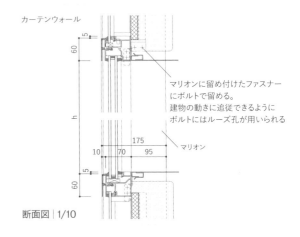

マリオンに留め付けたファスナーにボルトで留める。
建物の動きに追従できるようにボルトにはルーズ孔が用いられる

マリオン

断面図｜1/10

表1｜防火設備の構造方法を定める件

平成12年建設省告示第1360号、改正：平成31年3月29日・告示第470号）

規定内容	鉄枠（新第5号ロ）	アルミ枠（新第6号）	アルミ樹脂枠（新第6号）	樹脂枠（新第7号）	本体枠（新第8号）
枠材の種類	鉄材または鋼材	アルミニウム合金材	屋外側：アルミニウム合金材 屋内側：アルミニウム合金材または無可塑ポリ塩化ビニル	無可塑ポリ塩化ビニル	木材（見付寸法40mm以上、見込寸法70mm以上、気乾比重0.45以上）
開閉形式	はめごろし戸 網入りの場合のみすべての開閉形式	はめごろし戸		はめごろし戸	はめごろし戸
ガラスの種類 耐熱強化： 厚さ6.5mm以上、エッジ強度250MPa以上 耐熱結晶化： 厚さ5mm以上 Low-E：厚さ5mm以上、垂直放射率0.03~0.07	・網入り ※網入りの場合は開口部の寸法、取付け方法等の制限はなし ・耐熱強化・耐熱結晶化 ・複層（網入りを用いたものまたは屋外側の耐熱強化もしくは耐熱結晶化で屋内側がLow-Eであるもの）	・網入り ・耐熱結晶化 ・複層（屋外側が網入りまたは耐熱結晶化、屋外側が低放射（Low-E））		・複層（屋外側：網入り、屋内側：低放射（Low-E））	・複層（屋外側：網入り、屋内側：低放射（Low-E））
ガラスの種類※に応じた開口部の寸法（幅×高さ(mm)） ※複層ガラスの場合は屋外側のガラス種類	・耐熱強化（700~1,200×850-2,400） ・耐熱結晶化（1,000~1,200×1,600~2,400）	・網入り（~800×~2,250） ・耐熱結晶化（780~920×1,100~1,890）		・複層（~800×~1,400）	・複層（~1,050~1,550）

鉄骨造の納まりのポイント

3──躯体と一体化するスチール
　　　サッシの納まり

アルミサッシは型材の断面が決まっているセミオーダーになるため、サッシのデザインに自由度がない。また、防火設備が個別認定品になるため、サイズにも制限がある。それに対してスチールサッシを採用すれば、枠納まりなどのディテールが自由自在である。また、アルミよりも強度があるため、サッシの見付幅を小さくすることができ、すっきりとした見えがかりになる。

鉄骨造は同じ鉄でつくるスチールサッシとの相性が非常に良い。鉄骨の柱や梁に直接溶接して、躯体と一体的にサッシを納めることも可能である。

スチールサッシには、薄い鋼板を曲げてつくる方法と、フラットバーやLアングルなどの形鋼を使ってつくる方法がある。形鋼を使ったほうがよりシャープに納めることができるが、その分コストも高い。

フラットバーを使ったスチールサッシの納まりの例を図2と枠内に示す。

図2｜フラットバーを使ったスチールサッシの納まりの例

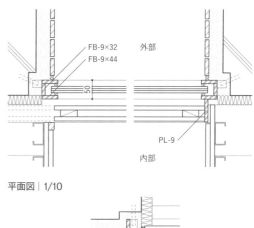

FB-9×32
FB-9×44
外部
50
PL-9
内部

平面図｜1/10

FB-9×65
FB-9×32
FB-9×44
外部　　内部
50
FB-9×25
FB-9×32

断面図｜1/10

 **小規模鉄骨造を読み解く**
「葛飾の趣居」④

見付の細いサッシ｜撮影=繁田諭

曲げ材を使ったスチールサッシ

写真の玄関横の窓のサッシを紹介する。FIX窓と片開き戸の連窓サッシをスチールで製作している。FIX枠と扉枠を一体でつくり、枠を細く、また余分なジョイントをなくしている。

FIX枠と扉枠を一体的につくることで
合計の見付幅を45mmと細くできる

扉の手掛けを兼ねて枠を隠すことで
すっきりとした外観となっている

枠
PL-2.3
シリコン樹脂塗装

内壁 ビニルクロス
下地 PB t=12.5
LGS

150　40　W=565　45　W=900　40　120　50 10

内部
155 120
35

40
外壁
PL-2.3（黒皮）
ウレタンクリア塗装

ドア
PL-1.6 フェロドール塗装
外部

25

玄関ドアまわり平面図｜1/10

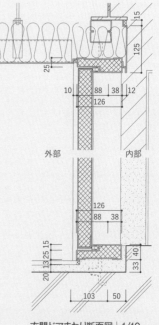

15
125
25
外部　　内部
10　88　38　12
126
126
88　38
13 25 15
20　33　40
103　50

玄関ドアまわり断面図｜1/10

4───事例に見るサッシ・開口部

鉄骨造では、鋼材製品を用いて、または既製品と組み合わせて、デザインに自由度のある開口部をつくることができる。ここでは2つの事例を紹介する。

---

①アルミサッシと形鋼を組み合わせるサッシの納まり

Nクリニック｜設計＝蘆田暢人建築設計事務所

規格品のアルミサッシと形鋼を組み合わせることによって、コストを抑えながらすっきりとしたディテールをつくることができる。Lアングルや溝形鋼などでアルミサッシの周囲に枠を回し、エッジを出しながら、その内側にアルミサッシをはめ込む。Nクリニッ

クではLアングル（L-75×90×9）を枠として設けた。連窓方立を用いると縦枠の見付が大きくなってしまうことに対して、Lアングルなどの枠を回すと目地が生まれるため、シャープな見えがかりとなる。似たような納まりになりがちなアルミサッシの開口部と異なり、開口部まわりにさまざまな印象をもたせることが可能になる。ただし、平成31年に防火設備に対する大臣認定の規定が変わり、各メーカーがそれぞれ防火設備の個別認定を取得することとなった。その影響で防火設備に関しては、従来のような自由度がなくなっているので、注意が必要である。

図3｜**Nクリニック**｜設計＝蘆田暢人建築設計事務所

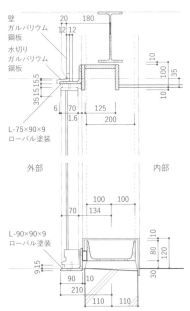

壁
ガルバリウム鋼板
水切り
ガルバリウム鋼板

L-75×90×9
ローバル塗装

外部　　内部

L-90×90×9
ローバル塗装

平面図｜1/15

連続したアルミサッシの開口部｜撮影＝繁田諭

この事例では鉄骨柱の外側にスチールのLアングルで枠をつくり、その枠の中に三連窓のアルミサッシをはめている。一般的な納まりでは鉄骨柱の内々にサッシをはめるか、外付けにしてもサッシとサッシの間に連窓方立などの余計な部材が入ってしまう。鉄骨躯体とアルミサッシの間にスチールの枠を入れることでシャープで連続感のある開口部をつくることができる。

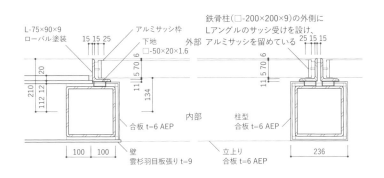

L-75×90×9
ローバル塗装

アルミサッシ枠
下地
□-50×20×1.6

外部

内部

合板 t=6 AEP

壁
雲杉羽目板張り t=9

鉄骨柱（□-200×200×9）の外側に
Lアングルのサッシ受けを設け、
アルミサッシを留めている

柱型
合板 t=6 AEP

立上り
合板 t=6 AEP

平面図｜1/15

②カーテンウォールでつくる大開口

伊達の家｜設計＝青木弘司建築設計事務所

ガラスカーテンウォールは、文字通り「ガラスの壁」となる。壁面全体をガラスで覆うことができるためである。ビルなどの大型建築物で使用されることが多いが、小規模な建物でも使用することは可能である。しかし、サッシに比べてコストが高いので、住宅などの小規模建築ではなかなか採用しづらく、全体のコストバランスを考慮しながら、採用の是非を検討しなければならない。

カーテンウォールでデザイン上のポイントとなるのは耐風圧を受けるマリオンと耐風梁である。マリオンとはカーテンウォールを支持する垂直材であり、耐風梁とはマリオンと直交する水平材である。双方とも水平荷重（風荷重）を受けるため、構造的な検討が必要であるとともに開口部の見え方を大きく左右する重要な部材である。マリオンおよび耐風梁にはアルミ、スチール、ガラスリブなどが使われる。それらの構造材とガラスを留める部材を一体化するなど、カーテンウォールの納まりにはさまざまな工夫のしどころがあるので、特にこだわりたい部分である。

図4｜伊達の家｜設計＝青木弘司建築設計事務所

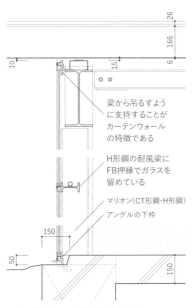

梁から吊るすように支持することがカーテンウォールの特徴である

H形鋼の耐風梁にFB押縁でガラスを留めている

マリオン（CT形鋼・H形鋼）

アングルの下枠

カーテンウォール断面図｜1/20

スチールのカーテンウォールでつくられた開放的な開口部｜撮影＝永井杏奈

マリオン、耐風梁と押縁が一体化しているため、内外どちらからも同じような見えがかりとなっている
撮影＝永井杏奈

スチールのカーテンウォールで全面をガラスとしている。マリオンはCT形鋼およびH形鋼を使い、耐風梁兼ガラス枠にはH形鋼を用いている。スチールの形材を用いてシンプルな構成とすることで、細くすっきりとした開口部を実現している。小規模な建物で大開口をつくる際には、効果的な方法である。

［階段］
多様なデザインを
つくる構造

1 ——— 鉄骨階段の種類

鉄骨階段は、コンクリート造、木造と比べて、構造と形状の自由度が高いため、いろいろなデザインの可能性をもつ。また、鉄骨階段は建築基準法上の耐火構造として位置づけられているため、被覆等の必要がなく、あらゆるタイプの建築物で採用することが可能である。

構造別に階段の種類を分けると以下のようになる［図1］。

- ささら階段
- 片持ち階段
- 力桁階段
- 螺旋階段

この中で、もっとも一般的なのはささら階段である。ささらの形状は、階段の勾配に平行なものがもっとも安価であるが、階段と同様のギザギザ形状など、ささらの形状も自由である。力桁階段や片持ち階段など、加工が複雑になればなるほどコストアップになる。階段は空間の中の重要なエレメントであり、設計者の腕の見せどころである。

2 ——— 階段の振動

階段の設計において、留意しなければならないのは、振動である。ミニマムな構造体で力学的に成立しても、振動が激しい階段になってしまっては、使用上問題がある。見た目の美しさと機能性のバランスには気をつけたい。

振動を防ぐ方法としてもっとも一般的なのは、段板にモルタルをうち、段板を固くすることである。また、階段の構造自体を固くして揺れにくくする方法もある［図2］。

図1｜さまざまな階段の形状

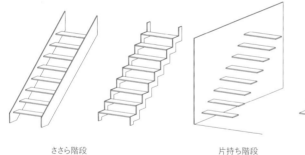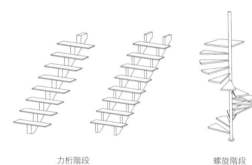

ささら階段　　　　　　片持ち階段　　　　　力桁階段　　　　螺旋階段

図2｜振動を防ぐ段板の構成例

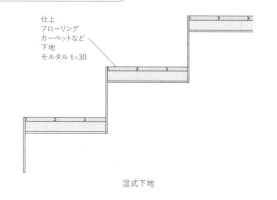

仕上
フローリング
カーペットなど
下地
モルタル t=30

仕上
集成材 t=30など

湿式下地　　　　　　　　　　　　乾式下地

3———支持方法と段板のバリエーション

鉄骨階段の支持方法は、大きく分けてささらを用いる方法と力桁を用いる方法の2種類がある［表1］。

段板のつくり方は3種類が一般的である［表1］。これらの組合せは自由である。

4———階段デザインの事例

①段板を薄く見せる力桁階段

折板屋根の家｜設計＝蘆田暢人建築設計事務所

力桁階段は両サイドのささらがないため、抜け感がありすっきりとした印象になる。図3の例は力桁に段板とリブを溶接し、段板を薄く見せている。段板の仕上げは鋼板にタイルを接着張りして、薄く仕上げている。力桁は下に向かって幅が小さくなる下すぼみの形状としているため、階下から見上げたときに力桁が細く見えるように工夫している。手すりはフラットバーを段板のリブに溶接しているため、無駄な要素が一切見えないディテールとなっている。

抜け感がありすっきりとした階段｜撮影＝繁田諭

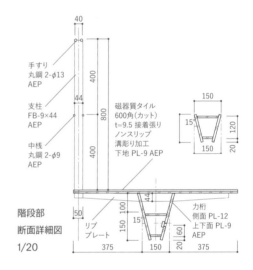

手すり
丸鋼 2-φ13
AEP

支柱
FB-9×44
AEP

中桟
丸鋼 2-φ9
AEP

磁器質タイル
600角（カット）
t=9.5 接着張り
ノンスリップ
溝彫り加工
下地 PL-9 AEP

力桁
側面 PL-12
上下面 PL-9
AEP

リブ
プレート

階段部
断面詳細図
1/20

表1｜鉄骨造階段の支持方法と段板の種類

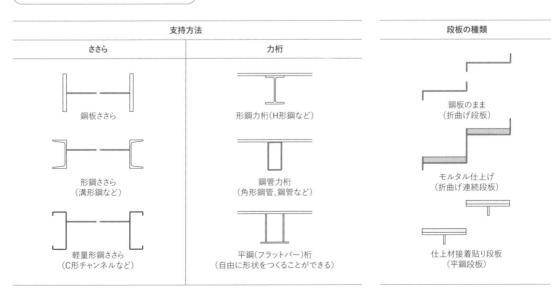

支持方法		段板の種類
ささら	力桁	
鋼板ささら	形鋼力桁（H形鋼など）	鋼板のまま（折曲げ段板）
形鋼ささら（溝形鋼など）	鋼管力桁（角形鋼管、鋼管など）	モルタル仕上げ（折曲げ連続段板）
軽量形鋼ささら（C形チャンネルなど）	平鋼（フラットバー）桁（自由に形状をつくることができる）	仕上材接着貼り段板（平鋼段板）

073

②パンチングメタルによる透明感のある階段

IS｜設計=山縣洋建築設計事務所

｜階段をパンチングメタルでつくることで、透明感が生まれている［図4］。ささら桁による支持であるが、ささらを壁内に納めることで、階段が浮遊しているような効果が生まれている。段板は踏み板と蹴込みを折り曲げて稲妻状に連続させることで、階段がひとつのオブジェクトであるかのように見せている。

｜稲妻状の連続した段板は、折ることで強度が出るため、段板を1枚1枚独立した形状とするよりも、板厚を薄くできることが特徴である。

｜鉄骨階段の段板は仕上げ材を張るほかに、この例のようなパンチングメタルなど、鋼板のみで仕上げてもよい。このほか、無地の厚板、エキスパンドメタル、チェッカープレートなどが挙げられる。

③支持要素を組み合わせて繊細な部材構成を実現する

大磯の家｜設計=手嶋保建築設計事務所

｜壁（本棚）からの片持ち支持、稲妻状のささら桁、天井からの吊材と3つの支持方式を組み合わせている。ささら桁はL-50×50×6を30mm×40mmにカットしたものを使用し、非常に繊細なささら桁としている。本棚の奥にある建物の構造体からこのささら桁が持ち出されている。

｜手すり（丸鋼φ12）は、吊材（丸鋼φ15）からブラケットで支持されている。本棚と一体化することでメインの支持材を隠蔽し、かつジョイントのミニマムな納まりと極限まで細くした各部材によって繊細で美しい階段が実現されている［図5］。

図4｜**IS**｜設計=山縣洋建築設計事務所

パンチングメタルでつくられた浮遊感のある階段｜撮影=山縣洋建築設計事務所

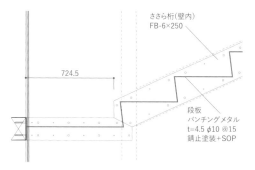

階段断面図｜1/30

図5｜**大磯の家**｜設計=手嶋保建築設計事務所

支持材が組み合わされた繊細な階段｜撮影=畑拓

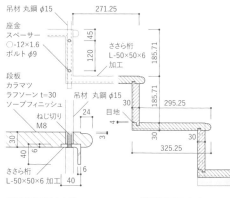

段板断面図｜1/8　　　　階段断面図｜1/15

壁の中に階段の支持柱を内包した
片持ち階段

「葛飾の趣居」では、壁からの片持ち階段を採用している。段板はフラットバー19×240とし、リブなしの一枚板で跳ね出している。段板元端の曲げをとるために、それぞれの段ごとに壁内に支持柱H-100×100×6×8を隠蔽し、段板と支持柱の接合部はリブプレートで補強をしている。段板の薄さを

強調するために仕上げはしていない。

構造的には、片持ち階段を支持するため、壁内に階段に沿った斜めの梁を設ける方法も考えられるが、その場合、梁はねじり応力に抵抗するため比較的大きなボックス断面とする必要がある。これが地震時にブレースとして効いてしまい、意図しない力がここに集まることを避けるため、本事例では1段ごとに間柱で支持する方法を採用している。

段板にリブが付かないことですっきりとした見た目を実現している | 撮影＝繁田諭

片持ち階段断面図 | 1/40

段板
FB-19×240

PL-9
G.PL-9、HTB 2-M16
H-100×100×6×8
支持柱
H-100×100×6×8
無収縮モルタル t=20

2FL
1FL
2,550
900以下
19
200 135
300 20 12

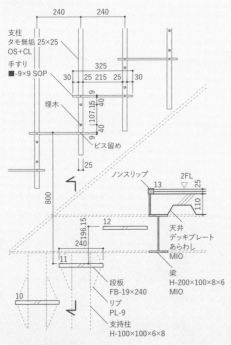

片持ち階段断面図 | 1/20

240　240
支柱
タモ無垢 25×25
OS+CL
手すり
■-9×9 SOP
325
30　25 215 25　30
埋木
107.15
40
40
9
ビス留め
25
800
ノンスリップ
2FL
13　25
110
12
196.15
240
11
10
天井
デッキプレート
あらわし
MIO
梁
H-200×100×8×6
MIO
段板
FB-19×240
リブ
PL-9
支持柱
H-100×100×6×8

片持ち階段断面図 | 1/50

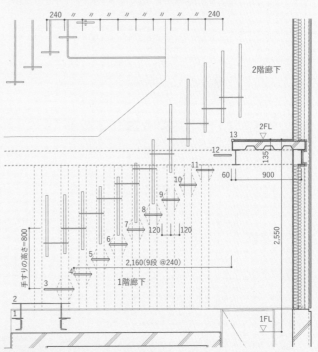

240　〃　〃　〃　〃　〃　〃　240
2階廊下
13　2FL
12
11　60　900
10
9
8
7　120　120
6
5
4　2,160(9段 @240)
2　1階廊下
1
手すりの高さ=800
2,550
1FL
135

構造体を
美しく見せる工夫

「葛飾の趣居」は、鉄骨造らしい建物とするために、断熱をする箇所、仕上げが必要な箇所以外は可能な限り鉄骨をあらわしにしている。

鉄骨造は、接合部に付加的なプレートやボルトが現れてくるため、構造体を見せる場合には、その納め方を意匠と構造で綿密に調整をする必要がある。図面に現れにくい箇所でもあるので、注意が必要だ。

ここでは、「葛飾の趣居」を例に挙げながら、①梁の接合部、②柱とブレースの接合部、③ブレース、④溶接部分の見せ方を解説する[図1]。

1———梁の接合部を見せる

図2に示すガレージの天井は、断熱をしているため、ここでは梁の中間部で天井仕上げを張っている。梁の接合部にはスプライスプレートやボルトが出るため[①の部分]、天井の位置を慎重に決める必要がある。この例では梁せいのほぼ中央部となる上下のボルトを避けた位置で天井を張っている[図3]。ジョイント位置は応力状態、運搬サイズを考慮のうえ、意匠的に望ましい位置を設計段階で決めると現場に入ってから困らない。

2———柱とブレースの接合部を見せる

図2②の部分は、外壁両サイドの見え方を揃えるため、ガラス[図2の左面]と外壁[同右面]の室内側仕上げを、ブレースよりも外側で納めている。難易度の高い施工である。

図4の②部分では、ブレースを見せるために、一般的なターンバックルではなく、ガセット部分で長さ調整のできる金物を使用している。また、柱とコンクリートの取合いを美しく納めるため、柱脚(ベースプレート部分)をコンクリートに埋め込み、柱をコンクリートよりも上部で止めている[図4①]。

076

図1 | 構造体と意匠の取合いの要点部分

①梁の接合部
②柱とブレースの接合部
③ブレース
④溶接部分

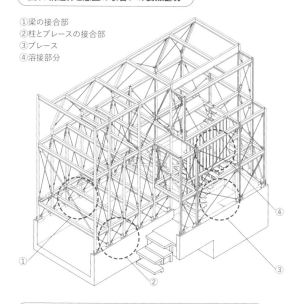

図2 | 梁せいの中央で天井を張り、構造体の接合部を見せる

撮影=繁田諭(以下図4-6まで)

図3 | 図2の①部分の断面詳細図 | 1/10

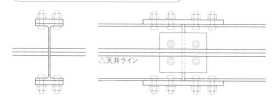

△天井ライン

図4 | ブレースの外側に内壁の仕上げ面をつくる

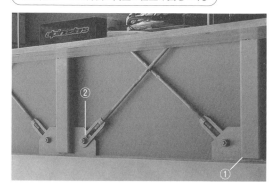

鉄骨造の納まりのポイント

3──ブレースを見せる
##　　　ガラスの納まり

構造体を見せるところと隠すところが取り合う箇所は、設計段階から注意して整理をする必要がある。コンクリートの立上りと鉄骨の外壁の間に、ガラスを設けることで建物の足元をすっきりと見せている。内部のガラス部分はブレースが露出し、外壁部分はブレースが隠れる［図5］。ガラスはサッシとせずに鉄骨のところはスチールの金物でガラスを受け、コンクリート部分は溝を掘ってガラスを納めている。このように異なる構造体が取り合うところは、素材に合わせて異なる納まりを用いるとシンプルにまとめることができる［図7］。

4──溶接部を見せる

鉄骨造の溶接には、工場溶接と現場溶接があり、溶接箇所の品質を保つため、現場溶接は可能な限り行わず、工場溶接とし、現場での接合はボルト接合を採用することが一般的である。工場溶接のほうが作業環境が良いため、丁寧できれいな溶接を行うことが可能である。

図8は、フラットバーを溶接したT形の階段支持柱である。断続隅肉溶接のビードが約250mmピッチで現れている。

このT形柱はあらわしになるため、ビードの長さを均一にし、ピッチを正確に揃えてもらうよう鉄骨製作工場と事前に打合せをした。

構造体の溶接は、あとからグラインダーなどで削ることができないため、溶接方法や溶接箇所を事前に鉄骨ファブと綿密に打合せをする必要がある。

図7｜開口部断面図｜ガラスの納まり｜1/20

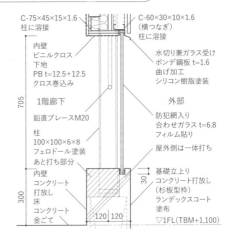

C-75×45×15×1.6
柱に溶接

C-60×30×10×1.6
（横つなぎ）
柱に溶接

内壁
ビニルクロス
下地
PB t=12.5+12.5
クロス巻込み

水切り兼ガラス受け
ボンデ鋼板 t=1.6
曲げ加工
シリコン樹脂塗装

1階廊下

外部

鉛直ブレースM20
柱
100×100×6×8
フェロドール塗装
あと打ち部分

防犯網入り
合わせガラス t=6.8
フィルム貼り
屋外側は一体打ち

内壁
コンクリート
打放し
床
コンクリート
金ごて

基礎立上り
コンクリート打放し
（杉板型枠）
ランデックスコート
塗布

▽1FL（TBM+1,100）

705　300　30　120　120

図8｜溶接ビードが見える部分はピッチと長さなどの見え方にも留意する

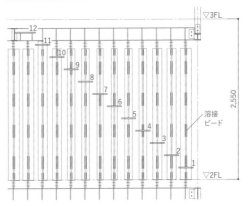

▽3FL

溶接
ビード

2,550

▽2FL

階段軸組図
1/60

12 11 10 9 8 7 6 5 4 3 2 1

家具から
建築まで一貫した
鉄の建築表現

ジャン・プルーヴェ
Jean Prouvé

1901年4月8日-1984年3月23日
フランス出身の建築家(建設家)・デザイナー。
家具から建築まで、力学と生産技術から生み出される
デザインを一貫して行った、
建築家であり技術者でもある稀有な存在であり、
自身も自らのことを建設家と称した。
現在のポンピドゥー・センターを
コンペで選出したことでも知られる。

ジャン・プルーヴェは、建築生産の工業化を進め、フランス・モダニズムを先導してきた建築家(建設家)である。1901年にパリで工芸家の父とピアニストの母の間に生まれたプルーヴェは、鉄鋼の町であり、アール・ヌーヴォーの一大拠点であったロレーヌ地方のナンシーで多くの工芸品に囲まれながら育っていった。自身も鋳鉄工芸家に弟子入りし鋳鉄職人として独立するが、建築家ロベール・マレ゠ステヴァンスからの制作依頼を契機にル・コルビュジエなど先進的な建築家たちと知り合い、現代芸術家連盟の創設、万博への出展などにおいて協働していくことになる。戦後は、復興のためにいち早く住宅の工業生産化に取り組み、組立て・解体が容易なプレハブ工法の住宅を考案する。当時としては、先駆的だったアルミニウムを部材に使用し、工場で部品を生産し、現場では装着のみを行うという革新的な考え方は、後世の建築部品と技術開発に大きな影響を与えている。公認の建築家資格をもたないためか自身のことを建設家と称するが、レンゾ・ピアノ、ノーマン・フォスターなど現代建築家達から師と仰がれる存在であり、ポンピドゥー・センターの国際設計競技の審査委員長

● **クリシー・人民の家**［1938年］│縦長のマリオンで構成されるファサードは、現代のカーテンウォールの原型とも言える。サッシはスチールであるが、薄板を曲げてつくられたマリオンは、アルミのような軽快な印象を与える。│撮影：Patrick.charpiat │ CC-BY-SA-3.0

を務め、エラスムス賞を受賞、レジオン・ドヌール勲章コマンドゥールを受章している。

プルーヴェの存在は近代建築史のなかでも異彩を放っている。鋳鉄職人からキャリアをスタートさせ、建築家との協働から建築の世界へと入っていった。ル・コルビュジエとの出会い、協働も鋳鉄職人時代に端を発する。その後、プロダクト、家具、住宅などのデザイン、現在で言うところのファサード・エンジニアリングのようなカーテンウォールのデザインと制作など、活躍の幅は建築家という枠にとらわれない。カーテンウォールを発明、最初に実現したのはプルーヴェである。

プルーヴェのものづくりの姿勢は一貫している。特に家具などにおいては、アイデアやスケッチが生まれるやいなや、プロトタイプをつくり、検証し、デザインを発展させていく。製図台に張りつくのではなく、つくりながら考えるという姿勢である。

プルーヴェは工業化ということにこだわり続けた。時代の要請に合わせた、低価格かつ短期間で建設できる建築を一貫的に構築するという課題に終生取り組んでいた。彼の言う工業化は、開放的な工業化、つまり規格化された工業製品の部品の組み合わせで建物を建設することではなく、限定的な量産方式とも言える、一貫した作業によって完成できる工業製品を、建築家が関わってつくるものであり、それがもっとも価値があると主張していた。工業化と凡庸化はまったく別問題なのである。それを体現するように、彼が生み出すものは、合理的なアプローチの結果の極めて独特なデザインであった。名作となり世界中でも今でも広く愛され使い続けられている家具、量産化を目指した住宅、スケールは異なれど、構造的合理性と製作上の効率性を追求した。「家具の製作と住宅の建設に違いはない」と彼は言った。たとえば、家具にも建築にも「折曲げ鋼板」を主要な構造として用いることにそれは現れており、この折曲げ鋼板がプルーヴェのデザインを特徴づけるものになった。折曲げ鋼板による構造体は、最小限の材料で建物の構造体を構成することが可能であるだけでなく、意匠的に見てもどことなく愛らしい。力の流れが可視化されているところも

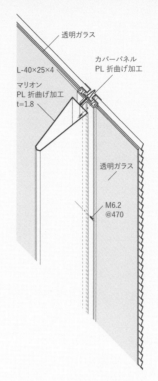

透明ガラス

カバーパネル
PL 折曲げ加工

L-40×25×4

マリオン
PL 折曲げ加工
t=1.8

透明ガラス

M6.2
@470

● **クリシー・人民の家**［1938年］**サッシ詳細**｜現代のアルミサッシに通じるスチールサッシのディテール。形鋼であるアングルとPLの折曲げ加工材が巧みに組み合わされ、工業製品のような洗練された部材構成である。｜岩岡竜夫ほか「アクソメで見るジャン・プルーヴェ」『ディテール』162、彰国社｜作図＝岩岡竜夫研究室

構成として明快である。形態として、力学的合理性として、そして審美的にも普遍性をもつ形状であるからこそ、家具に使用しても建築に採用しても、永く愛されるデザインとして光を放ち続けているのではないだろうか。

プルーヴェは、柱梁のフレーム、壁という要素がコンクリートでつくられることへの違和感を訴え、鉄骨やアルミのフレームや外装パネルの開発を一貫して行った。新素材としてのプラスチック建築にも挑戦した。

プルーヴェが目指した住宅の工業化はいまだ実現されていないのではないかと思う。確かに規格化住宅、量産住宅は世界中のいたるところで建設されている。そこに建築家は不在である。プルーヴェは言った。「みんなのために、毎日のために、美しいものを建設すべきである。」

● 参考文献：早間玲子編訳
『構築の人、ジャン・プルーヴェ』みすず書房

1 建築申請実務研究会
『建築申請memo2022』
新日本法規出版
---

2 日本製鉄「建設用資材ハンドブック」
を元に作成
https://www.nipponsteel.com/product/
construction/handbook/
---

3 国土交通省大臣官房官庁営繕部監修
『建築工事監理指針』
を元に作成
---

4 押出成形セメント板協会
「ECP標準納まり図」
---

5 空気調和衛生工学会編
『試して学ぶ熱負荷HASPEE』
2012より抜粋

080

CHAPTER ———— 4

小規模鉄骨造の事例

本章では小規模鉄骨造の16の作例を紹介する。

作例は、意匠・構造両方の観点から、これまでに述べてきた小規模鉄骨造のつくり方や特徴がよく表れているものを、幅広く選んだ。各作例に共通して、鉄骨架構の全体が一目でわかる構造フレーム図を提示した。写真も、竣工時だけでなく工事中の様子もできるだけ取り入れて、建築と架構の関係がわかるように工夫した。

また、本章の冒頭には各作例における代表的な柱・梁の断面寸法と、架構の形と大きさを示している。

作例を見る際には、写真から空間のイメージを、図面から柱・壁をはじめとする部材の配置を読み取ることに加えて、それらと各断面寸法がどのように関係し合っているかも考えながら読み解くと面白い。

[部材断面と架構の比較]

次の頁より4頁にわたって、すべての作例についての、代表的な柱・梁の断面寸法と、架構の形と大きさを示す。それぞれの架構の大小関係や、使われている部材断面の大きさが一目で比較できるように、縮尺を揃えて作図している。各作例をこのように俯瞰してみると、架構の大きさと部材断面の大きさは単純に比例するものではないことがわかる。それは、部材の断面寸法は架構の大きさだけでなく、部材が配置されている密度や、ラーメン構造／ブレース構造などの構造形式、塔状比（建物の幅に対する高さの比）など、多くの要因によって決まるためである。

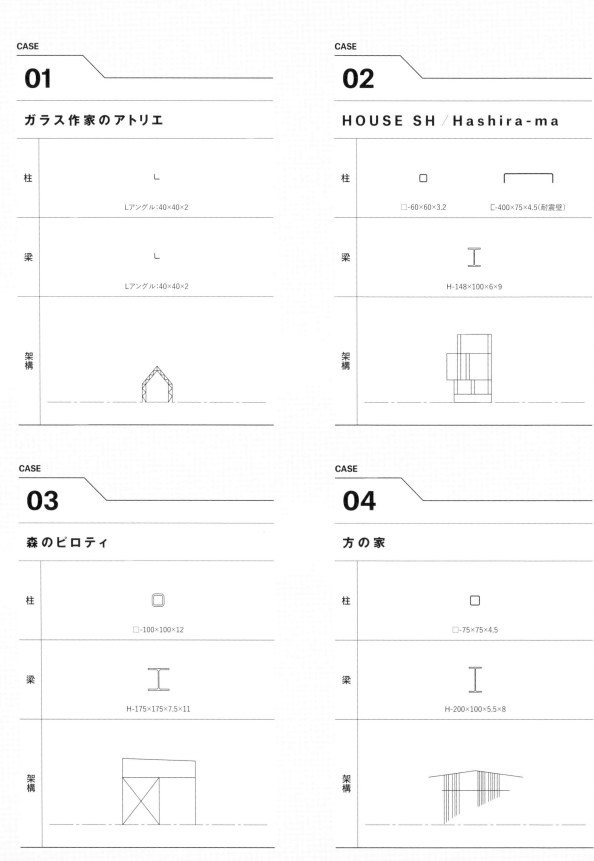

CASE

01

ガラス作家のアトリエ

柱
L
Lアングル：40×40×2

梁
L
Lアングル：40×40×2

| 架構 |

CASE

02

HOUSE SH / Hashira-ma

柱
□　　　　　[
□-60×60×3.2　　　[-400×75×4.5（耐震壁）

梁
I
H-148×100×6×9

| 架構 |

082

CASE

03

森のピロティ

柱
▢
□-100×100×12

梁
I
H-175×175×7.5×11

| 架構 |

CASE

04

方の家

柱
□
□-75×75×4.5

梁
I
H-200×100×5.5×8

| 架構 |

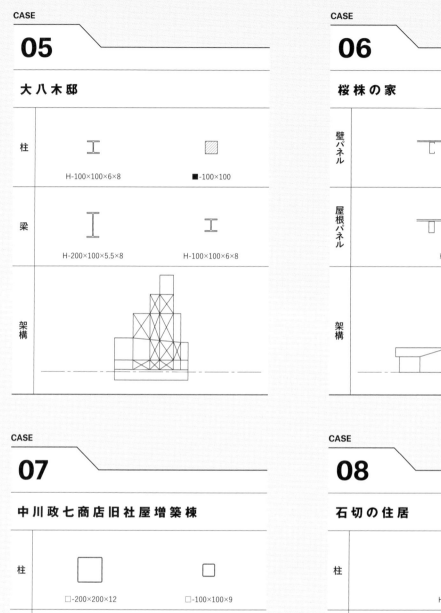

CASE

05

大八木邸

柱	⊥ H-100×100×6×8	▨ ■-100×100
梁	I H-200×100×5.5×8	⊥ H-100×100×6×8
架構		

CASE

06

桜株の家

壁パネル	構造用面材 t=9 軽溝形鋼 89×40
屋根パネル	OSB t=12 軽角形鋼 89×44.5
架構	

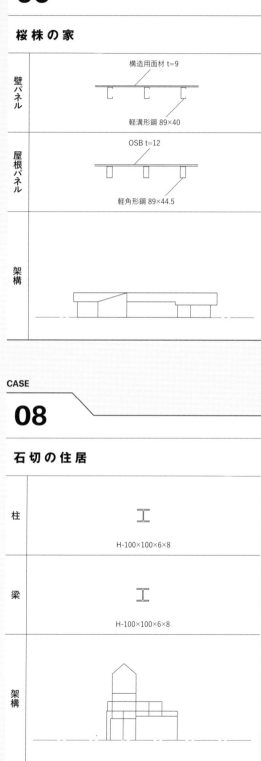

CASE

07

中川政七商店旧社屋増築棟

柱	□-200×200×12	□-100×100×9
梁	I H-175×175×7.5×11	
架構		

CASE

08

石切の住居

柱	I H-100×100×6×8
梁	I H-100×100×6×8
架構	

CASE

09

アトリエ・ビスクドール

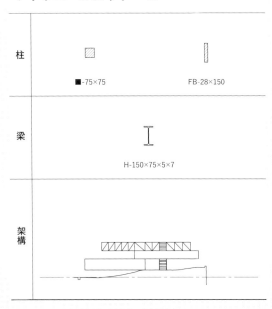

柱

■-75×75　　　　　　FB-28×150

梁

H-150×75×5×7

架構

CASE

10

弦と弧

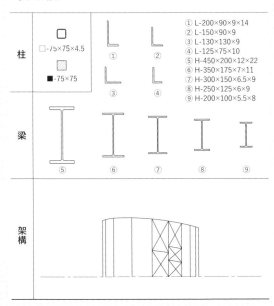

柱

□-75×75×4.5

■-75×75

① L-200×90×9×14
② L-150×90×9
③ L-130×130×9
④ L-125×75×10
⑤ H-450×200×12×22
⑥ H-350×175×7×11
⑦ H-300×150×6.5×9
⑧ H-250×125×6×9
⑨ H-200×100×5.5×8

① ② ③ ④

梁

⑤ ⑥ ⑦ ⑧ ⑨

架構

CASE

11

IRONHOUSE

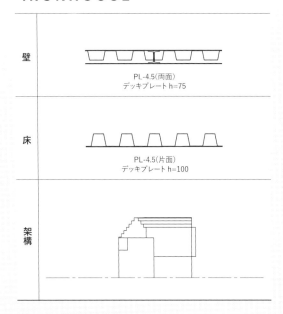

壁

PL-4.5（両面）
デッキプレート h=75

床

PL-4.5（片面）
デッキプレート h=100

架構

CASE

12

日比谷花壇 日比谷公園店

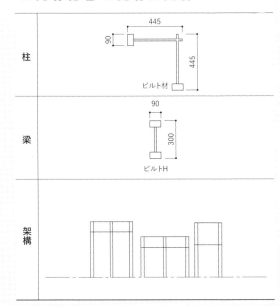

柱

445
90
445
ビルト材

梁

90
300
ビルトH

架構

CASE

13

シトロエン好きの家

| 柱 |
H-300×300×10×15 |
| 梁 | H-300×300×10×15 |
| 架構 | |

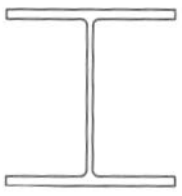

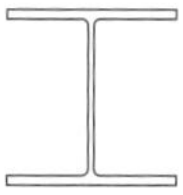

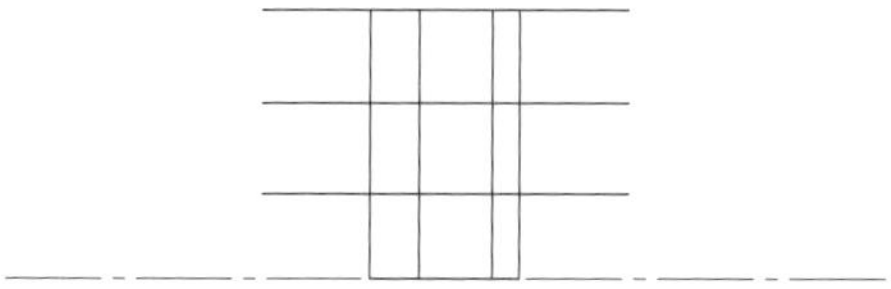

CASE

14

小高パイオニアヴィレッジ

柱	□-100×100×6	■-100×100
梁	□-200×100×9	H-148×100×6×9
架構	

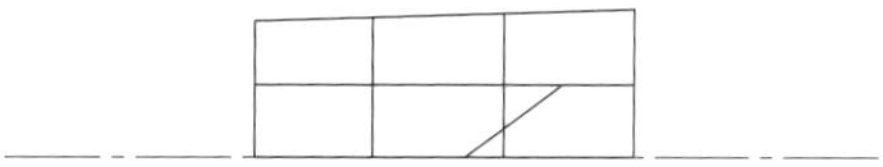

CASE

15

代官山の引き戸ビル

柱・壁	RC t=300〜450	St ■-90×90
床	RCスラブ t=250	
架構	

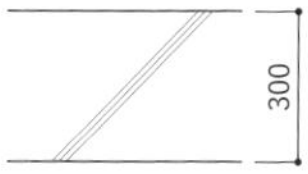

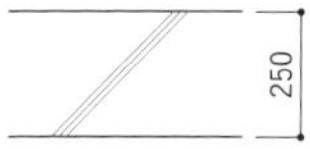

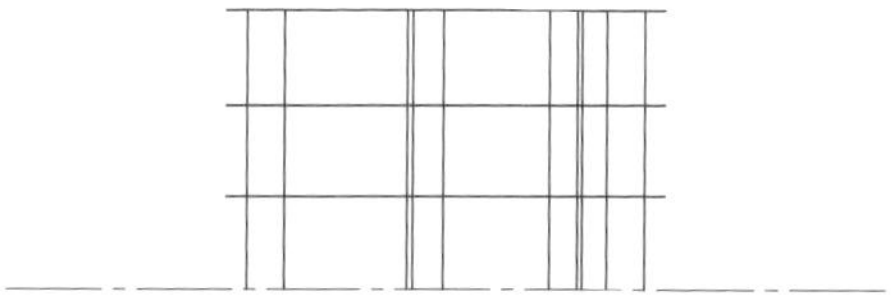

CASE

16

武蔵小山アパートメント

柱	H-125×125×6.5×9
梁	H-125×125×6.5×9
架構	

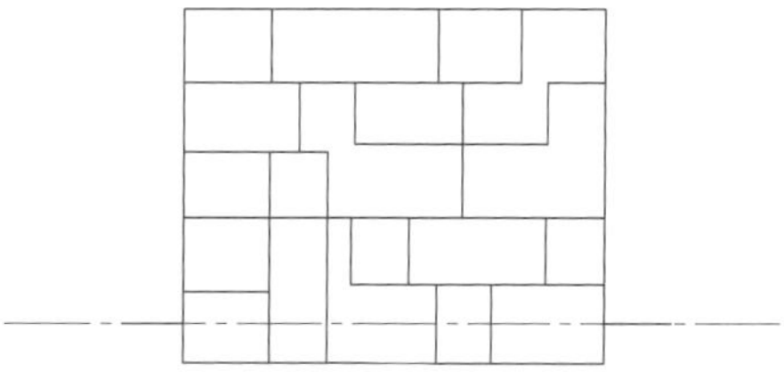

ガラス作家の
アトリエ

家具用の穴あきアングル材で
組み立てられた小さなアトリエ

■ 設計＝坂茂建築設計·
  慶應義塾大学坂環境情報学部坂茂研究室
■ 構造＝星野建築構造設計事務所

施工中の軸組｜撮影＝坂茂建築設計

「ガラス作家のアトリエ」は、組立式スチール棚に使われている穴あきアングル材（Lアングル：40×40×2）を主構造として使用した小さな建物である。一般的な構造材のメンバーよりはるかに小さい部材であるため、繊細な空間が生まれ、実際の面積よりも広く、大きく見えるのが特徴である。

Lアングルの特性である、軽く、組立てが容易な点を活かして、学生の実地教育を兼ねて学生による納まりの検討や鉄骨建て方が行われた。

Lアングルは柱や小屋トラスとして鉛直荷重を支持するのみならず、柱間にラチス状に配置されることによって水平抵抗要素としても機能している。斜材があるため、Lアングルの交点は最大で六方向から部材が集まる、やや複雑な接合部となるが、すべての接合部をスチールプレート（t=3.2）とボルト2本（2-M8）に統一し、ミリ単位の調整を重ねた結果、学生でも建て方が行えるレベルにまで単純化されている。

アトリエ内部。Lアングルのトラスをあらわしとしている｜撮影＝平井広行

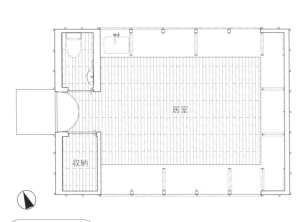

居室

収納

平面図 | 1/100

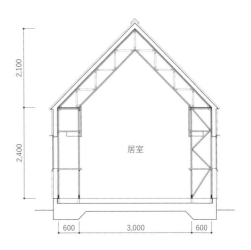

2,100

2,400

居室

600　3,000　600

断面図 | 1/100

建築データ

所在地	東京都
主体構造	鉄骨造
敷地面積	959m²
建築面積	27m²
延べ面積	27m²
階数	地上1階
軒高	2,693mm
最高高さ	5,553mm
竣工	2006年

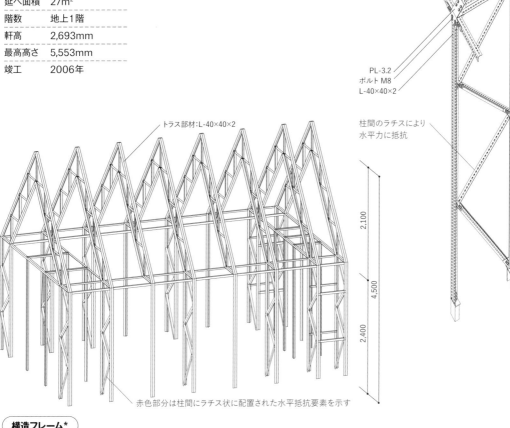

構造フレーム*

トラス部材:L-40×40×2

赤色部分は柱間にラチス状に配置された水平抵抗要素を示す

ラチス柱詳細

PL-3.2
ボルト M8
L-40×40×2

柱間のラチスにより
水平力に抵抗

2,100
4,500
2,400

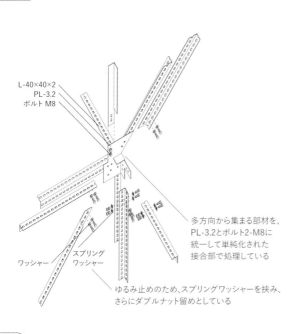

接合部詳細

L-40×40×2
PL-3.2
ボルト M8

ワッシャー
スプリング
ワッシャー

多方向から集まる部材を、
PL-3.2とボルト2-M8に
統一して単純化された
接合部で処理している

ゆるみ止めのため、スプリングワッシャーを挟み、
さらにダブルナット留めとしている

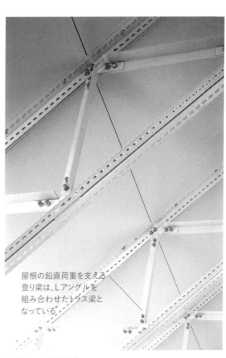

屋根の鉛直荷重を支える
登り梁は、Lアングルを
組み合わせたトラス梁と
なっている

小屋トラス見上げ｜撮影=平井広行

HOUSE SH／Hashira-ma

3つの構造要素のみで構成された
シンプルで経済的な鉄骨フレーム

- 設計＝赤松佳珠子／CAt
- 構造＝鈴木啓／ASA

建築面積25m²にも満たない小規模な住宅である。規模に対して過大な断面の躯体になることを避けるために、細い柱と軽溝形鋼の耐震壁を採用したことに特徴がある。各階の中央に配置される柱を緩やかに領域をつくる要素として利用している。

この建物の主構造は、①ポスト柱：□-60×60×3.2、②梁：H-148×100×6×9、③耐震壁：軽溝形鋼 □-400×75×4.5の3つの要素だけで構成されている。構造計画においては、隣地住宅との近接や3mの前面道路幅という状況下での施工を考慮して、すべての鉄骨部材長さが4.5m以下となるように計画された。構造設計上の特徴である外壁面に配置された軽溝形鋼による耐震壁は、梁に対して厚さ9mmのベースプ

レートを介して6本の高力ボルトで剛に接合されることで水平抵抗要素として機能している。このように軽溝形鋼を耐震壁として用いることは一般的な使い方ではないが、小規模鉄骨造ならではの優れたアイデアと言えるだろう。この事例は構造というものが、いかにスケールに依存した相対的なものであるかということを教えてくれる。

軽溝形鋼の耐震壁によって、開口部が多く設けられている
撮影＝中村絵

1階　6,030
2階　6,030
3階

トイレ／浴室／寝室
キッチン／リビング
トイレ／居室／バルコニー

4,100

平面図｜1/150

2階リビングの内観。60×60×3.2の細い柱は耐震壁を設けることによって断面が絞られている｜撮影＝中村絵

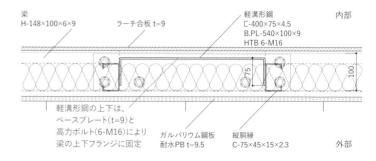

梁
H-148×100×6×9

ラーチ合板 t=9

軽溝形鋼
□-400×75×4.5
B.PL-540×100×9
HTB 6-M16

内部

75
100

軽溝形鋼の上下は、ベースプレート(t=9)と高力ボルト(6-M16)により梁の上下フランジに固定

ガルバリウム鋼板
耐水PB t=9.5

縦胴縁
C-75×45×15×2.3

外部

外壁平面詳細図｜1/10

小規模鉄骨造の事例

建築データ

所在地	東京都	階数	地上3階
主体構造	鉄骨造	軒高	8,870mm
敷地面積	41.22m²	最高高さ	8,870mm
建築面積	24.72m²	竣工	2013年
延べ面積	65.00m²		

施工中の軸組｜撮影＝CAt

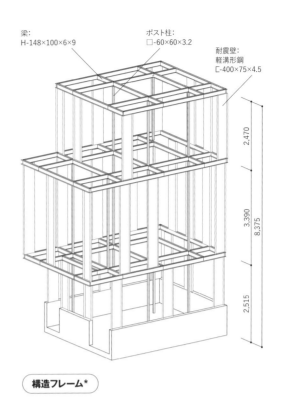

梁：
H-148×100×6×9

ポスト柱：
□-60×60×3.2

耐震壁：
軽溝形鋼
[-400×75×4.5

2,470

3,390

8,375

2,515

構造フレーム*

製作スチール片開窓

L-75×70×6

Lアングルをカットした
建具枠

FB-4.5×65

平鋼（フラットバー）
でつくったシャープな
建具

外部

FB-4.5×65　L-80×70×6

開口部平面図｜1/10

内部

FB-4.5×65

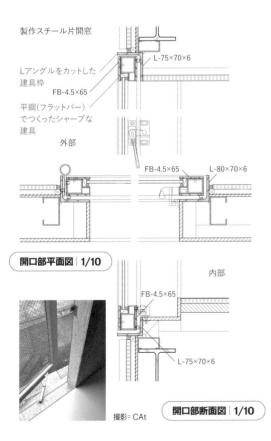

L-75×70×6

撮影＝CAt

開口部断面図｜1/10

アルミ突出窓＋
木製換気網戸パネル

内窓（網戸）
ラーチ合板 t=9
OS 拭取り UC
パンチング加工
φ20 @50
裏面メッシュ貼り

アルミサッシに
ガルバリウム鋼板を
はめ込んでいる

外壁同材
ガルバリウム鋼板 立ハゼ貼り

PL-1.6 SOP

外部

外壁同材
ガルバリウム鋼板 立ハゼ貼り

グラスウールマット充填

PL-1.6 SOP

壁
ラーチ合板 t=9 OS 拭取り UC

グラスウールマット充填

開口部平面図｜1/10

内部

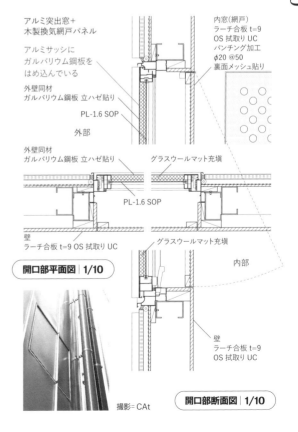

壁
ラーチ合板 t=9
OS 拭取り UC

撮影＝CAt

開口部断面図｜1/10

森のピロティ

鉄骨ピロティと木造住居の立面混構造

▌ 設計＝長谷川豪建築設計事務所
▌ 構造＝大野博史／オーノJAPAN

1階を鉄骨造による全面ピロティ、2階を木造住居とした別荘である。地面から約6.5mのところにボリュームが持ち上げられている。鉄骨の細い柱によって、居住空間は、おおらかな森の中で浮遊感を獲得でき、天井高の高いピロティには、森のスケールと親和する開放感のある半屋外空間が生まれている。

構造計画は明快で、1階は100mm角の角形鋼管9本とM32の丸鋼ブレース4本による鉄骨ブレース構造、2階は在来軸組工法による木造フレーム間にツーバイ材の小梁（2×12：38mm×286mm）を303mmピッチで一方向に架け渡して床および屋根を構成している。鉄骨部材はすべて外部にあらわしとなるため、溶融亜鉛めっき仕上げとしている。また、ブレース端部も見えてくるため、鋳鋼によるフォークエンドジョイント（断面詳細図参照）を使った納まりとしている。混構造でポイントとなる鉄骨と木の接合については、鉄骨梁の上に土台を固定して、その上に木造の柱や壁が載って取り合う納まりになっており、土台が鉄骨部分と木造部分を接続する役割を果たしている。

森の中に浮かぶボリューム｜撮影＝長谷川豪建築設計事務所

平面図｜1/200 　　　　　　　　　　　　　　　1階

2階

建築データ

所在地	群馬県
主体構造	鉄骨造/一部木造
敷地面積	3,524.51m²
建築面積	91.09m²
延べ面積	77.22m²
階数	地上2階
軒高	8,903mm
最高高さ	8,990mm
竣工	2010年

ツーバイ材の小梁を
あらわしとした天井

柱やブレースなどの
鉄骨部材はすべて
溶融亜鉛めっき仕上げ

ピロティ内観。森の木々のスケールを意識した階高の高い
開放的な空間｜撮影=長谷川豪建築設計事務所

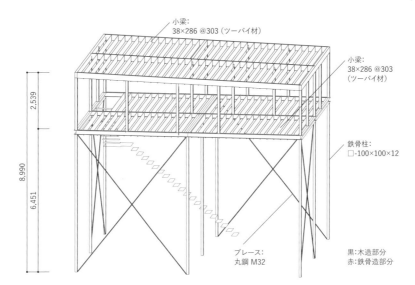

小梁:
38×286 @303（ツーバイ材）

小梁:
38×286 @303
（ツーバイ材）

鉄骨柱:
□-100×100×12

ブレース:
丸鋼 M32

黒:木造部分
赤:鉄骨造部分

構造フレーム*

2.539

8,990

6,451

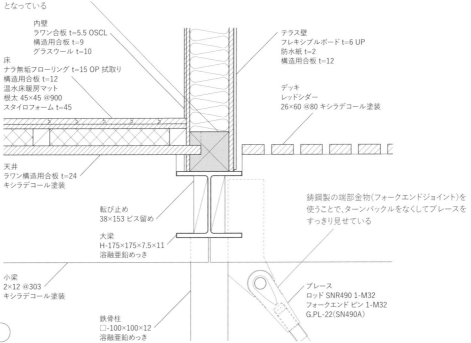

2階の鉄骨大梁の上に木造土台を流して接合することで、
混構造のディテールを解決しているとともに、外壁と床が
断熱的に鉄骨と縁が切れており、熱橋が発生しない納まり
となっている

内壁
ラワン合板 t=5.5 OSCL
構造用合板 t=9
グラスウール t=10

床
ナラ無垢フローリング t=15 OP 拭取り
構造用合板 t=12
温水床暖房マット
根太 45×45 @900
スタイロフォーム t=45

天井
ラワン構造用合板 t=24
キシラデコール塗装

テラス壁
フレキシブルボード t=6 UP
防水紙 t=2
構造用合板 t=12

デッキ
レッドシダー
26×60 @80 キシラデコール塗装

鋳鋼製の端部金物（フォークエンドジョイント）を
使うことで、ターンバックルをなくしてブレースを
すっきり見せている

転び止め
38×153 ビス留め

大梁
H-175×175×7.5×11
溶融亜鉛めっき

小梁
2×12 @303
キシラデコール塗装

鉄骨柱
□-100×100×12
溶融亜鉛めっき

ブレース
ロッド SNR490 1-M32
フォークエンド ピン 1-M32
G.PL-22(SN490A)

A部断面詳細図｜1/10

方 の 家

小径角形鋼管の列柱が形づくる
架構と空間

■ 設計＝武井誠＋鍋島千恵／TNA
■ 構造＝鈴木啓／ASA

接合部のバリエーションが豊富であるということは、鉄骨造の特徴のひとつである。この週末住宅は、斜面の上に粗密をもって配置された角形鋼管の柱が、さながら森の木立がそのまま建築化したような様相を見せる。ピロティから屋根まで貫通する柱を、梁勝ちかつ現場溶接のディテールとすることで、梁よりも細い柱を使うことができ、全体をすっきりと見せている。

構造は、傾斜した地盤から立ち上がる76本の細い列柱が、傾斜地の上に大きく張り出した建物の床を支えながら、そのまま室内を貫通して屋根を支持している。小径の角形鋼管（□-75×75×4.5）によってつくられたこれらの列柱は、場所によって粗密の差をつけながら平面的にバランスよく配置されており、建物の支持構造であると同時に、緩やかな間仕切りとしても機能している。耐震上の配慮として、1階床版をエントランス付近で基礎につなげることによって、直接地盤に1階床の水平力を流している。そのため、床下の列柱は水平力の負担から解放されており、結果としてこの構造ではブレースを一切用いることなく、上記の小径角形鋼管による列柱と1階床および屋根の梁（H-200×100×5.5×8）とが剛接合されたラーメン架構のみで成立している。75mm角の角形鋼管は、より細い無垢柱とすることも検討されたが、配管類を通す空隙が必要

だったこと、また、柱の列を斜めから見たときに柱の角にエッジがなく、若干丸みを帯びたほうが、柱の存在感が柔らかくなり、列柱による境界がより曖昧になるため、角形鋼管が採用された。

9,130

9,130

デイベッド
ストーブ
ニーチェア ダイニングテーブル
ベッド
ベッド キッチンカウンター
収納

1階平面図 | 1/200

断面図 | 1/300

内部。角形鋼管による列柱が間仕切りとしても機能している
撮影＝阿野太一

角形鋼管の列柱が斜面から立ち上がり、そのまま内部まで貫通し、建物を支えている | 撮影＝阿野太一

建築データ

所在地	長野県	階数	地上1階
主体構造	鉄骨造	軒高	5,825mm
敷地面積	1328.21m²	最高高さ	7,075mm
建築面積	104.04m²	竣工	2009年
延べ面積	83.36m²		

施工中の軸組｜撮影＝TNA

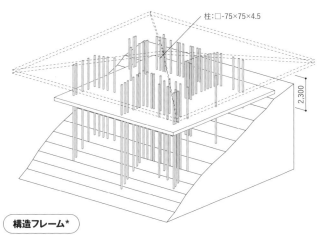

柱:□-75×75×4.5

2,300

構造フレーム*

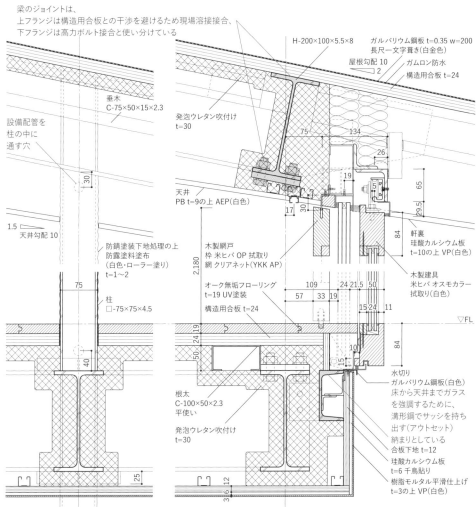

梁のジョイントは、
上フランジは構造用合板との干渉を避けるため現場溶接接合、
下フランジは高力ボルト接合と使い分けている

H-200×100×5.5×8

ガルバリウム鋼板 t=0.35 w=200
長尺一文字葺き(白金色)
屋根勾配 10
ガムロン防水
構造用合板 t=24

垂木
C-75×50×15×2.3

設備配管を
柱の中に
通す穴

発泡ウレタン吹付け
t=30

75

134

26

19

5

65

天井
PB t=9の上 AEP(白色)

29.5

17

30

84

軒裏
珪酸カルシウム板
t=10の上 VP(白色)

1.5
天井勾配 10

防錆塗装下地処理の上
防露塗料塗布
(白色・ローラー塗り)
t=1〜2

木製網戸
枠 米ヒバ OP 拭取り
網 クリアネット(YKK AP)

木製建具
米ヒバ オスモカラー
拭取り(白色)

75

柱
□-75×75×4.5

オーク無垢フローリング
t=19 UV塗装
構造用合板 t=24

2,180

109

24 21.5 50

57 33 19

15 24 11

▽FL

40

19

24

50

84

根太
C-100×50×2.3
平使い

発泡ウレタン吹付け
t=30

10

1.5

水切り
ガルバリウム鋼板(白色)
床から天井までガラス
を強調するために、
溝形鋼でサッシを持ち
出す(アウトセット)
納まりとしている
合板下地 t=12
珪酸カルシウム板
t=6 千鳥貼り
樹脂モルタル平滑仕上げ
t=3の上 VP(白色)

25

3.6 12

開口部と柱まわり断面詳細図｜1/7.5

093

CASE ——— 04 　　　　　方の家

大八木邸

小規模鉄骨造の特長を活かした
ピラミッド形建築

▌設計＝西沢立衛建築設計事務所
▌構造＝小松宏年構造設計事務所

　上階へ行くにしたがって平面形が小さくなるピラミッド形の住宅である。平面が小さくなることで生まれる下階の屋根面はトップライトやテラスとして利用されており、建物形状の特徴を活かした豊かな内部空間が生まれている。

　この住宅では、X・Y両方向ともブレース構造とすることによって、柱はH-100×100×6×8（一部100mm角無垢材）、梁はH-200×100×5.5×8またはH-100×100×6×8といった小断面に抑えられている。また、1階の床を除いては、床面（屋根面）にコンクリートを使わない軽量な乾式仕上げが使われており、水平ブレース

によって床剛性を確保している。

　構造の一番の特徴は、内部に柱のないピラミッド形状を実現していることである。そのために、上階の柱を下階へと連続させずに、梁で受けている箇所が多くある。このような柱は「岡立ち柱」と呼ばれ、これを受ける「岡持ち梁」の曲げ応力が大きくなるため、一般にはできるだけ避けるべき構造とされている。しかし、この住宅のようにスパンが比較的小さく軽量な建物では、岡立ち柱を採用するデメリットは軽減される。そのような意味で、「大八木邸」は小規模鉄骨造の特長がうまく活かされた構造となっている。

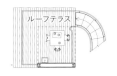

塔屋

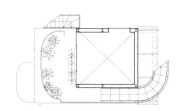

2階

1階

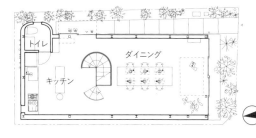

地階

平面図｜1/200

ピラミッド型の形状によって斜線制限をクリア、屋根面のトップライトにより、周囲が建物に囲まれた敷地でも、潤沢に光を取り込む　©Takashi Homma

094

建築データ

所在地	東京都	延べ面積	96.42m²
主体構造	鉄骨造	階数	地下1階、地上2階
敷地面積	73.19m²	最高高さ	12,850mm
建築面積	43.00m²	竣工	2018年

屋根面の開口に設けられた
水平ブレースで上階から下階へと
水平力を伝えている

岡立ち柱架構によって
つくられたトップライト

内部。住宅密集地では、壁面の窓によって開放性を確保することは難しい。岡立ち柱架構によって、空に向かって開放性を確保でき、明るく伸びやかな空間が生まれている。天井が高いのもこの建物の特徴である｜©Kenichi Suzuki

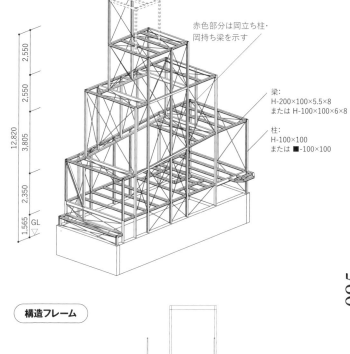

赤色部分は岡立ち柱・
岡持ち梁を示す

梁：
H-200×100×5.5×8
または H-100×100×6×8

柱：
H-100×100
または ■-100×100

構造フレーム

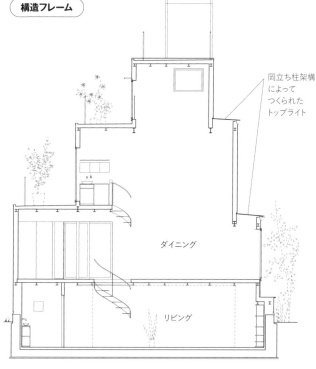

岡立ち柱架構
によって
つくられた
トップライト

ダイニング

リビング

断面図｜1/150

施工中の軸組｜撮影＝西沢立衛建築設計事務所

大八木邸

CASE ———— 06

桜株の家

オープン工法による
薄板軽量形鋼造住宅（スチールハウス）

▌ 設計＝奥野公章建築設計室
▌ 構造・施工＝ガイアフィールド

桜株の家は、スチールハウスと呼ばれる工法によって建てられた平屋の住宅である。軽量鉄骨を使うことで木造よりも小さい断面で躯体を構成することができるため、屋根の軒先など、全体的にシャープなディテールとすることができる。スチールハウスは、木造ツーバイフォー工法の枠材を厚さ1.2～1.6mmの薄板軽量形鋼に置き換えた工法であり、日本では1995年の阪神・淡路大震災の際にアメリカから輸入されたのを契機として使われ始めた。当初は一部メーカーだけが使用できる認定工法だったが、2001年以降オープン工法化され、現在はだれでも自由に設計して用いることができる*。木造と比べて小断面でスパンを飛ばしやすいことや、寸法精度の安定性、防虫性などの品質面で優れている。またH形鋼や鋼管などによる一般の鉄骨造（重量鉄骨造）と比べると、軽量形鋼の断面は45mm×90mm程度と小さいため、住宅スケールになじみやすく、かつローコストであるという利点がある。一方で、基本的にツーバイフォー工法を鋼材に置き換えた工法であるため、水平抵抗要素として耐力壁が前提となっており、鉄骨ラーメン構造のような壁のない抜けた空間づくりには不向きである点には留意が必要である。

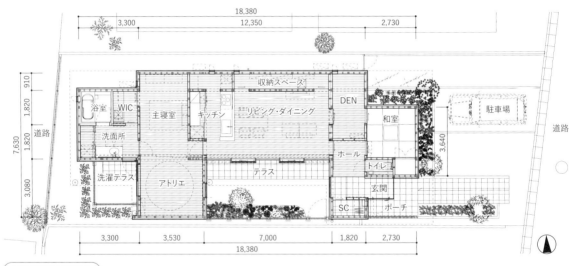

1階平面図 | 1/200

木造スケールでありながら、シャープな軒先が特徴的である｜撮影＝牛尾幹太

軽量鉄骨の垂木があらわしになった天井｜撮影＝牛尾幹太

建築データ

所在地	神奈川県
主体構造	薄板軽量形鋼造（スチールハウス）
敷地面積	238.67m²
建築面積	111.75m²
延べ面積	96.45m²
階数	地上1階
軒高	3,755mm
最高高さ	4,177mm
竣工	2013年

* 薄板軽量形鋼は薄鋼板を冷間成形加工してつくられることからCFS（Cold-Formed Steel）工法とも呼ばれている。

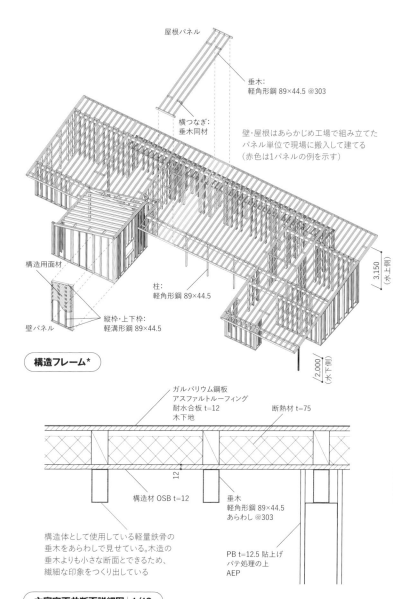

屋根パネル

垂木：
軽角形鋼 89×44.5 @303

横つなぎ：
垂木同材

壁・屋根はあらかじめ工場で組み立てたパネル単位で現場に搬入して建てる（赤色は1パネルの例を示す）

構造用面材

柱：
軽角形鋼 89×44.5

縦枠・上下枠：
軽溝形鋼 89×44.5

壁パネル

3.150（水上側）

2.000（水下側）

構造フレーム*

施工中の軸組｜部材の密度感やプロポーションなどは木造軸組の雰囲気に近い
撮影＝奥野公章建築設計室

ガルバリウム鋼板
アスファルトルーフィング
耐水合板 t=12
木下地

断熱材 t=75

12

構造材 OSB t=12

垂木
軽角形鋼 89×44.5
あらわし @303

構造体として使用している軽量鉄骨の垂木をあらわしで見せている。木造の垂木よりも小さな断面とできるため、繊細な印象をつくり出している

PB t=12.5 貼上げ
パテ処理の上
AEP

主寝室天井断面詳細図｜1/10

097

垂木：軽角形鋼 89×44.5@303

屋根パネル

木造住宅に使われる構造用面材を使用

施工中の軸組｜撮影＝牛尾幹太

建て方の様子｜撮影＝奥野公章建築設計室

中川政七商店
旧社屋増築棟

肘形ラーメンを活用して意匠性を
損なうことなく耐震性を確保する

▌設計＝吉村靖孝建築設計事務所
▌構造＝満田衛資構造計画研究所

鉄骨造2階建ての既存社屋にファサード部分を付け足す形で増築が行われた例である。エントランスと動線、水まわりといった機能のみを付加した、非常に小さな増築棟である。既存社屋に新しい顔が付加されたような形であり、ガラス張りで中が透けて見えるため、シンプルな構造体が採用されている。容易に見えて、構造的には一筋縄では行かない計画である。既存部分と増築部分は構造的に縁が切られており、耐震的にも増築部分だけで完結させる設計となっている。増築部分だけをひとつの構造体として見ると、約2m×20mの平面と7mの高さをもつ細長く薄っぺらい構造体であることがわかる。このような建築物が地震等の水平力を受けた場合、短手方向の変形が起こりやすく、その耐震性をどのように確保するかが構造設計

上のポイントとなる。本事例では「肘形ラーメン」と呼ばれる構造システムをうまく利用することによって、外壁カーテンウォール側の柱を小断面に抑えてファサードの開放性を確保しつつ、必要な耐震性を確保することに成功している。外壁側の柱は100mm角と細いため、それ自身はほとんどせん断力を負担しないが、梁の外壁側端部の上下移動を拘束することによって肘形ラーメンとしての水平抵抗を生じさせるという役割を担っている。

小断面の構造体でつくられた透明感のある増築されたファサード
撮影＝吉村靖孝

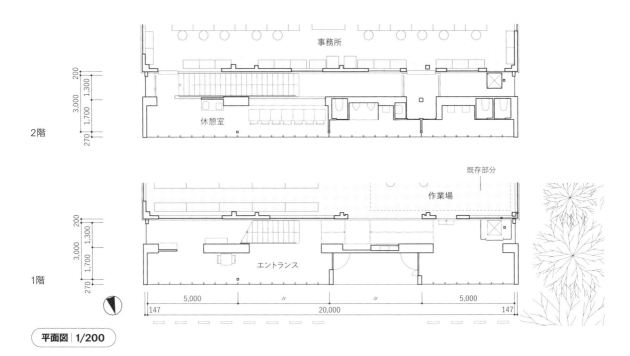

平面図｜1/200

建築データ

所在地	奈良県	階数	地上2階
主体構造	鉄骨造	軒高	増築部：7,150mm
敷地面積	677.10m²	最高高さ	増築部：7,550mm
建築面積	374.34m²	竣工	2012年
延べ面積	増築部123.49m² （全体698.06m²）		

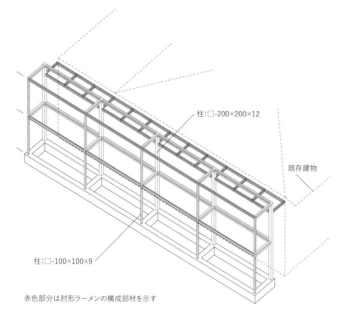

柱：□-200×200×12

既存建物

柱：□-100×100×9

赤色部分は肘形ラーメンの構成部材を示す

増築部分内観。サッシ際の柱（□-100×100×9）はサッシ方立（マリオン）に近い存在感で溶け込んでいる│撮影＝吉村靖孝

099

構造フレーム*

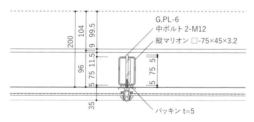

G.PL-6
中ボルト 2-M12
縦マリオン □-75×45×3.2

200 104 99.5
9
96 5 75 11.5 9 5 75 5
35

パッキン t=5

角形鋼管のマリオンに外押縁金物でガラスを留めたシンプルなカーテンウォールである。2階のスラブより前にマリオンを通し、ガラスを納めることで、ガラス面だけで構成されるすっきりとしたファサードとなっている

施工中の軸組│撮影＝吉村靖孝

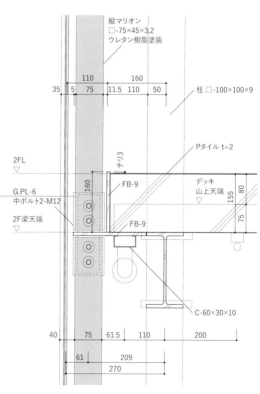

縦マリオン
□-75×45×3.2
ウレタン樹脂塗装

110 160
35 5 75 11.5 110 50

柱 □-100×100×9

Pタイル t=2

2FL
チリ3
160
FB-9
デッキ
山上天端
155 80
75

G.PL-6
中ボルト2-M12
2F梁天端
FB-9

C-60×30×10

40 75 61.5 110 200
61 209
270

2階ファサードマリオン平面・断面詳細図│1/10

石切の住居

小断面規格材と根巻き柱脚の
組合せによる軽やかな構造

■ 設計＝タトアーキテクツ／島田陽建築設計事務所
■ 構造＝S³Associates

傾斜地の住宅エリアに建つ住宅である。道路とのレベル差がある敷地を、道路と接続するボリューム、透明感のある2階、家形のシンボリックな3階で構成し、そのボリューム構成によって、造成された地盤のレベル差をうまく活かし、かつ空に浮かんだような佇まいを見せている。

道路レベルに相当する地下階と1階の立上りまでを、敷地のレベル差を処理する擁壁も兼ねたRC造とし、1階と2階を鉄骨造としている。使われている鉄骨断面は、H-100×100×6×8、□-100×50×3.2や○-76.3×3.2の鋼管など、小断面材でまとめられているが、特別な厚肉材や無垢材などは使われておらず、経済性に配慮されている。構造的な工夫として、1階のRC立上り壁で鉄骨柱を根巻きして剛性および強度を高めることによって、小径の柱梁でありながらブレースを必要としないすっきりとした空間が実現している。

家形が浮かんだような外観｜撮影＝市川靖史

100

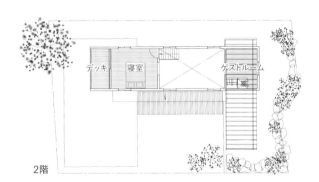

2階

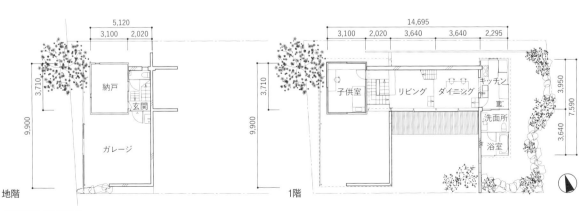

地階

1階

平面図｜1/300

建築データ

所在地	大阪府
主体構造	鉄骨造
敷地面積	215.11m²
建築面積	99.37m²
延べ面積	133.53m²
階数	地下1階／地上2階
軒高	6,438mm
最高高さ	7,962mm
竣工	2012年

構造フレーム*

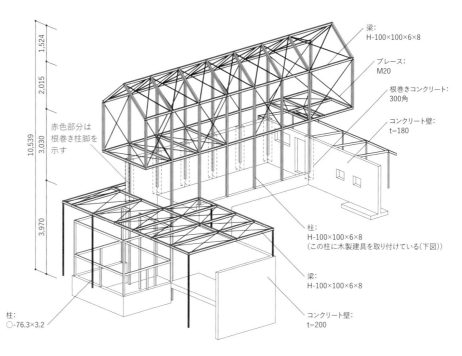

赤色部分は根巻き柱脚を示す

梁：
H-100×100×6×8

ブレース：
M20

根巻きコンクリート：
300角

コンクリート壁：
t=180

柱：
H-100×100×6×8
（この柱に木製建具を取り付けている（下図））

梁：
H-100×100×6×8

コンクリート壁：
t=200

柱：
〇-76.3×3.2

施工中の軸組｜撮影＝タトアーキテクツ

柱：H-100×100×6×8

1階リビング・ダイニング。木製の建具が柔らかな印象をもたらす｜撮影＝タトアーキテクツ

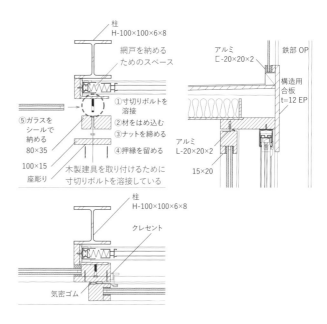

柱
H-100×100×6×8

網戸を納めるためのスペース

①寸切りボルトを溶接
②材をはめ込む
③ナットを締める
④押縁を留める

⑤ガラスをシールで納める
80×35

100×15座彫り

木製建具を取り付けるために寸切りボルトを溶接している

アルミ
L-20×20×2

鉄部 OP

構造用合板
t=12 EP

アルミ
L-20×20×2

15×20

柱
H-100×100×6×8

クレセント

気密ゴム

鉄骨の柱に木製の建具を納めるディテールである。あらわしとした鉄骨柱に直接建具を納めることで、すっきりとした見えがかりとなっている。鉄骨造でもディテールを工夫すれば木製の建具を採用することは可能であり、鉄骨造の開放感と木がつくる柔らかな空間を共存させることができる。

リビング・ダイニングの建具平面詳細図｜1/10

アトリエ・ビスクドール

建築空間に溶け込む
薄く軽い構造体

■ 設計＝前田圭介／UID
■ 構造＝小西泰孝建築構造設計

敷地全体を取り巻く浮遊する帯によってアトリエと居住スペースがつくり出されている。内部と外部といった分節ではなく外部の延長としての内部のような住宅である。構造材が見極めにくく、構造体が壁・家具であり、住宅の塀でもあるといった要素の分節が溶解した、ヒエラルキーのない清々しい空間となっている。構造は、①鋼板サンドイッチパネル構造による「浮遊する帯」、②平行弦トラス構造による軽快な屋根架構、③鋼板壁構造による棚を利用した耐力壁と3つの要素から成り立っている。これらの構造要素は、本来異なる性質と役割をもつが、組み合わさることで、構造的にも要素の分節が溶解した構成となっている。鉄骨造とすることによって非常に薄く・軽くつくることに成功しており、本事例ではその特徴が建築空間のイメー

ジによく適合している。また、建築空間内での構造のあり方に着目したい。耐力壁となる鋼製棚の中間にサンドイッチパネルの浮遊する帯が入り込み、棚の頂部では平行弦トラスの屋根架構に貫通する。そして、それらの構造部材が白一色の仕上げによって統一されることで、空間に対して構造自体が巧みに溶け込み建築を引き立たせている。

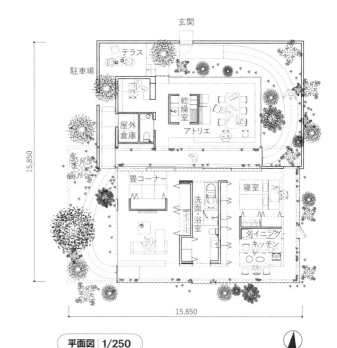

平面図｜1/250

建築を構成する3つの「帯」が特徴的な外観と、多様な中間領域を生み出している｜撮影＝上田宏

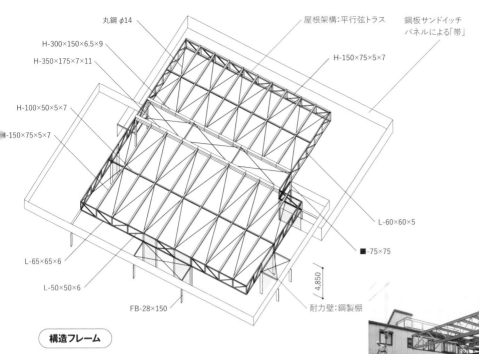

構造フレーム

丸鋼 φ14
屋根架構：平行弦トラス
鋼板サンドイッチパネルによる「帯」
H-300×150×6.5×9
H-350×175×7×11
H-150×75×5×7
H-100×50×5×7
-150×75×5×7
L-60×60×5
■-75×75
L-65×65×6
4,850
L-50×50×6
FB-28×150
耐力壁：鋼製棚

施工中の軸組｜撮影＝UID

浮遊する帯と上下のガラスにより囲まれていながら外部を感じられる内部空間となっている｜撮影＝上田宏

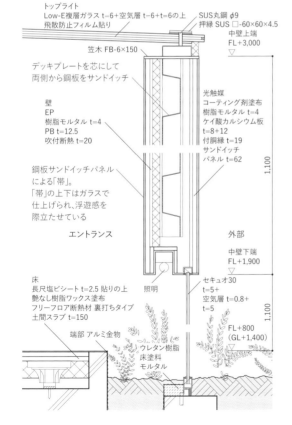

外壁断面詳細図｜1/10

トップライト
Low-E複層ガラス t=6＋空気層 t=6＋t=6の上
飛散防止フィルム貼り
SUS丸鋼 φ9
押縁 SUS □-60×60×4.5
中壁上端
FL＋3,000
笠木 FB-6×150

デッキプレートを芯にして
両側から鋼板をサンドイッチ

壁
EP
樹脂モルタル t=4
PB t=12.5
吹付断熱 t=20

光触媒
コーティング剤塗布
樹脂モルタル t=4
ケイ酸カルシウム板
t=8＋12
付胴縁 t=19
サンドイッチ
パネル t=62

鋼板サンドイッチパネル
による「帯」。
「帯」の上下はガラスで
仕上げられ、浮遊感を
際立たせている

1,100

エントランス

外部
中壁下端
FL＋1,900

床
長尺塩ビシート t=2.5 貼りの上
艶なし樹脂ワックス塗布
フリーフロア断熱材 裏打ちタイプ
土間スラブ t=150

照明

セキュオ30
t=5＋
空気層 t=0.8＋
t=5

端部 アルミ金物

ウレタン樹脂
床塗料
モルタル

FL＋800
（GL＋1,400）

1,100

建築データ

所在地	大阪府
主体構造	鉄骨造
敷地面積	328.16m²
建築面積	151.25m²
延べ面積	151.25m²
階数	地上1階
軒高	4,250mm
最高高さ	4,360mm
竣工	2009年

103

弦と弧

楕円筒状の外壁面と
8枚の半月状の床面による構造

■ 設計＝中山英之建築設計事務所
■ 構造＝小西泰孝建築構造設計

弦と弧に囲まれた8枚の板が、さまざまな高さで重ね合わされた立体的な空間構成の住宅である。それらの板は、あるときは床になり、あるときは机、洗面台、キッチンになる。床が行為を規定するのではなく、板と人との関係性が行為を規定する豊かな空間が生まれている。この住宅は、8mの高さをもつ楕円筒状の外壁面と、さまざまな高さ・方向に設けられた8枚の半月状の床面によって構成されている。それぞれの床には、建築上の要求に従って位置・高さと大きさが与えられており、結果としてさまざまな「弦と弧」が吹抜け空間の中に出現している。構造は、上記の建築コンセプトをストレートに表現したものである。外壁の楕円筒は、12.8m×6.5mの楕円状に配置された75mm角の柱と、平鋼ブレース（FB-16×75）または厚さ4.5mmの鋼板からなる耐震壁によって構成されている。半月形の床は、外壁に沿う弧（Lアングル鋼）と、外壁の間をスパンする弦（スパンに応じてせいが200～450mmのH形鋼）、および、弦と弧の間に架け渡されたデッキスラブによってつくられている。外壁の楕円筒に対して、これらの床が高さ方向に小間隔で取り付くことによって、鉛直方向の一体性が確保され、全体として安定した立体構造となっている。

ガルバリウム鋼板（大波）を使用した曲面状の外壁
撮影＝中山英之建築設計事務所

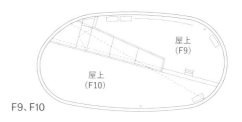

F9、F10

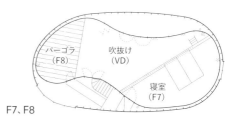

F7、F8

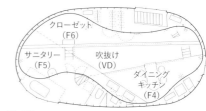

F4、F5、F6

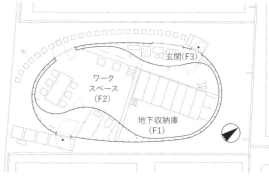

F1、F2、F3

平面図｜1/250

104

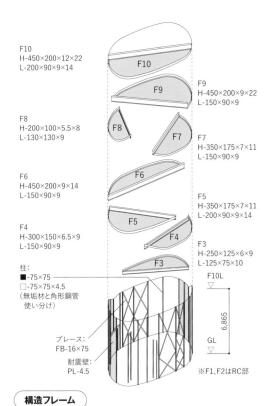

F10
H-450×200×12×22
L-200×90×9×14

F9
H-450×200×9×22
L-150×90×9

F8
H-200×100×5.5×8
L-130×130×9

F7
H-350×175×7×11
L-150×90×9

F6
H-450×200×9×14
L-150×90×9

F5
H-350×175×7×11
L-200×90×9×14

F4
H-300×150×6.5×9
L-150×90×9

F3
H-250×125×6×9
L-125×75×10

柱:
■-75×75
□-75×75×4.5
（無垢材と角形鋼管
使い分け）

ブレース：
FB-16×75

耐震壁：
PL-4.5

F10L ▽

6,865

GL ▽

※F1、F2はRC部

構造フレーム

耐震壁：
平鋼ブレース（FB-16×75）

ワークスペース。デッキスラブを持ち出して小口面をあらわしとしている
撮影＝中山英之建築設計事務所

施工中の軸組 │ 撮影＝中山英之建築設計事務所

建築データ

所在地	東京都
主体構造	鉄骨造
敷地面積	142.26m²
建築面積	68.67m²
延べ面積	157.59m²
階数	地下1階／地上2階
軒高	6,264mm
最高高さ	7,587mm
竣工	2017年

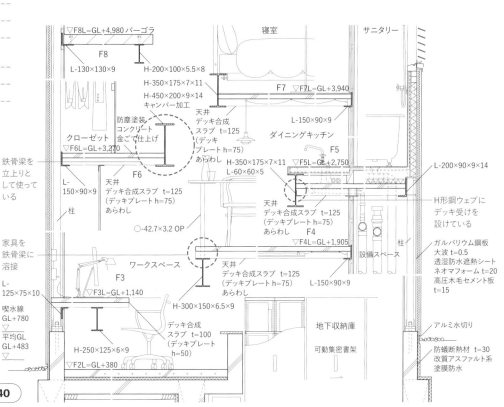

▽F8L=GL+4,980 パーゴラ
F8
L-130×130×9　H-200×100×5.5×8

寝室　　サニタリー

H-350×175×7×11
F7　▽F7L=GL+3,940
H-450×200×9×14
キャンバー加工

L-150×90×9

天井
デッキ合成
スラブ t=125
（デッキ
プレート h=75）
あらわし

防塵塗装
コンクリート
金ごて仕上げ

クローゼット
▽F6L=GL+3,270

鉄骨梁を
立上りと
して使って
いる

L-
150×90×9

F6
天井
デッキ合成スラブ t=125
（デッキプレート h=75）
あらわし

柱

○-42.7×3.2 OP

ダイニングキッチン

F5　▽F5L=GL+2,750
H-350×175×7×11
L-60×60×5

天井
デッキ合成スラブ t=125
（デッキプレート h=75）
あらわし
F4
▽F4L=GL+1,905

L-150×90×9

L-200×90×9×14

H形鋼ウェブに
デッキ受けを
設けている

柱　設備スペース

ガルバリウム鋼板
大波 t=0.5
透湿防水遮熱シート
ネオマフォーム t=20
高圧木毛セメント板
t=15

家具を
鉄骨梁に
溶接

L-
125×75×10

喫水線
GL+780

平均GL
GL+483 ▽

ワークスペース

F3
▽F3L=GL+1,140

天井
デッキ合成スラブ t=125
（デッキプレート h=75）
あらわし

H-300×150×6.5×9

デッキ合成
スラブ t=100
（デッキプレート
h=50）

H-250×125×6×9

▽F2L=GL+380

地下収納庫

可動集密書架

アルミ水切り

防蟻断熱材 t=30
改質アスファルト系
塗膜防水

部分断面詳細図 │ 1/40

CASE ──── 10　　　　弦と弧

105

IRONHOUSE

鋼板サンドイッチパネルによる壁式構造

■ 設計＝椎名英三建築設計事務所／梅沢建築構造研究所
■ 構造＝梅沢建築構造研究所

構造体である壁パネルをそのまま外壁の仕上げとして使用し、錆仕上げを施した鉄の塊のような建物である。外壁の水密性を確保するため、外壁パネル同士は現場溶接でジョイントさせているが、それには高度で精度の高い溶接技術が求められる。

この住宅の構造は、「鋼板サンドイッチパネル構造」と呼ばれる。この構造は、本書で取り上げたほかの事例の構造と大きく異なっている。たとえば、柱が存在しない。鋼板パネル構造は、壁式RC構造や、木造の枠組壁工法（いわゆるツーバイフォー工法）に近い構造であり、壁が常時の鉛直荷重を支えるとともに、地震や強風などの水平力に対しても抵抗する。サンドイッチパネルと呼ばれる理由は、表裏2枚の鋼板で芯を挟んでつくられるためである。芯として厚さ75mmのデッキプレートが用いられている。サンドイッチ構造にしてパネルの厚みをもたせることで、鋼板の面外変形や座屈が抑えられ、構造材としての性能が発揮される。本事例では130枚のパネル（寸法は最大で1.6m×6.0m）を現場溶接してつくられており、建て方には6週間を要したという。工期と手間の問題は、鋼板サンドイッチパネル構造に共通する課題のひとつである。

106

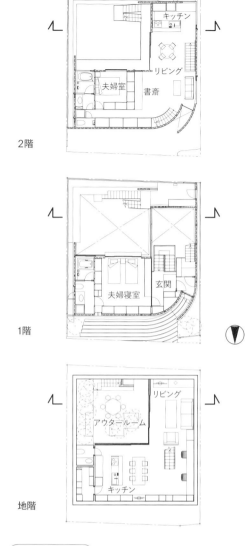

2階

1階

地階

平面図 | 1/300

錆びた鉄板と植栽の相性がよいのは、双方とも自然のものだからである｜撮影＝梅沢良三

2階リビング。鋼板の折り曲げた形が内部に現れる独自な空間
撮影＝梅沢良三

建て方の様子｜撮影=梅沢良三

建築データ

所在地	東京都
主体構造	鉄骨造／RC造
敷地面積	135.68m²
建築面積	66.77m²
延べ面積	172.54m²
階数	地下1階／地上2階
軒高	6,600mm
最高高さ	7,900mm
竣工	2007年

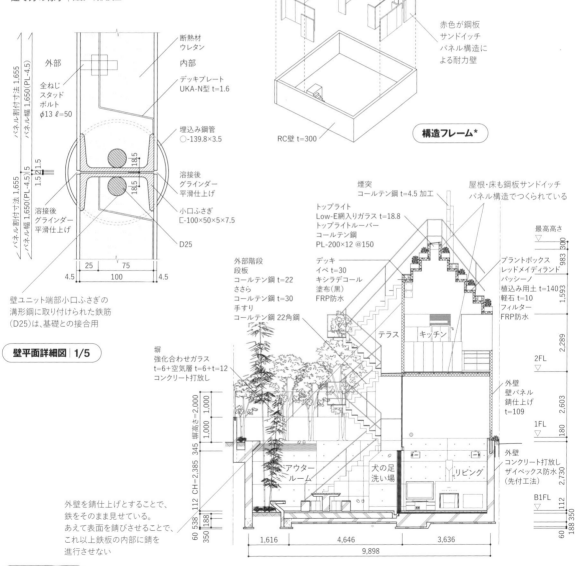

鋼板サンドイッチ
パネル t=109
（両面 PL-4.5
内部 デッキプレート）

赤色が鋼板
サンドイッチ
パネル構造に
よる耐力壁

RC壁 t=300

構造フレーム*

外部

内部

断熱材
ウレタン

デッキプレート
UKA-N型 t=1.6

全ねじ
スタッド
ボルト
φ13 ℓ=50

埋込み鋼管
○-139.8×3.5

溶接後
グラインダー
平滑仕上げ

小口ふさぎ
L-100×50×5×7.5

溶接後
グラインダー
平滑仕上げ

D25

18.5

18.5

パネル割付寸法 1,655
パネル幅 1,650(PL-4.5)
パネル割付寸法 1,655
パネル幅 1,650(PL-4.5)

5 21.5
1.5

25　75
4.5　100　4.5

壁ユニット端部小口ふさぎの
溝形鋼に取り付けられた鉄筋
（D25）は、基礎との接合用

壁平面詳細図｜1/5

煙突
コールテン鋼 t=4.5 加工

屋根・床も鋼板サンドイッチ
パネル構造でつくられている

トップライト
Low-E網入りガラス t=18.8
トップライトルーバー
コールテン鋼
PL-200×12 @150

デッキ
イペ t=30
キシラデコール
塗布（黒）
FRP防水

外部階段
段板
コールテン鋼 t=22
ささら
コールテン鋼 t=30
手すり
コールテン鋼 22角鋼

塀
強化合わせガラス
t=6＋空気層 t=6＋t=12
コンクリート打放し

プラントボックス
レッドメイディランド
パッシーノ
植込み用土 t=140
軽石 t=10
フィルター
FRP防水

テラス

キッチン

外壁
壁パネル
錆仕上げ
t=109

外壁
コンクリート打放し
ザイペックス防水
（先付工法）

最高高さ
300
983
1,593
2.289
2FL
2.603
1FL
2.730
B1FL
112
188 350

塀
アウター
ルーム

犬の足
洗い場

リビング

1,616　4,646　3,636
9,898

CH＝2,385
塀高さ=2,000
1,000　1,000
345　112　538　60
188　350
1,000

外壁を錆仕上げとすることで、
鉄をそのまま見せている。
あえて表面を錆びさせることで、
これ以上鉄板の内部に錆を
進行させない

断面図｜1/150

日比谷花壇
日比谷公園店

「軽やかな石張り」を演出する鉄骨造

■ 設計＝乾久美子建築設計事務所
■ 構造＝KAP

「日比谷花壇 日比谷公園店」は、背の高い平屋のボリュームが5つ並ぶシンプルな形状をしている。しかしながらその単純で端正な佇まいとは裏腹に、複雑な構造の上に成立している難易度の高い建物である。シンプルなものほど実現するのは難しいということの好例である。

重厚なイメージをもつ石という素材を使いながら、軽やかな印象をつくり出すために鉄骨造が採用された。そのため、構造部材断面やディテールの選択にあたっても、可能な限り薄く納めることが念頭に置かれている。

柱は壁のコーナー部に収まるようにL字形の鋼板溶接組立材とし、柱脚部をRC躯体に埋め込むことで剛性を確保するなどの構造上の工夫によって、7.5mの建物高さに対して内外の仕上げまで含んで167mmという非常に薄い壁厚を実現している。参考として、平屋の壁式RC構造では一般に高さの1/25が壁厚の目安とされている。この目安に従えば、7.5mの高さに対して躯体だけで300mmの厚みが必要となる。本事例の壁厚は約半分程度でできていることになり、この建築の透明性や軽やかな印象に大きく貢献している。

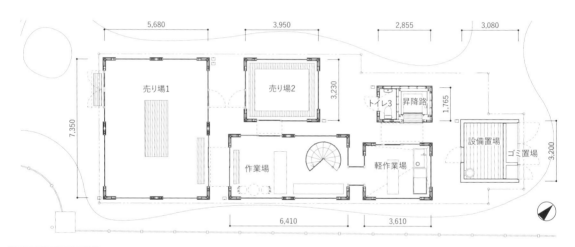

1階平面図 | 1/200

薄くつくられた壁は外観からもよくわかる、シンプルな構造体
撮影＝阿野太一

内部。天井高に比して非常に薄い壁柱が独特なスケール感をつくる
撮影＝阿野太一

108

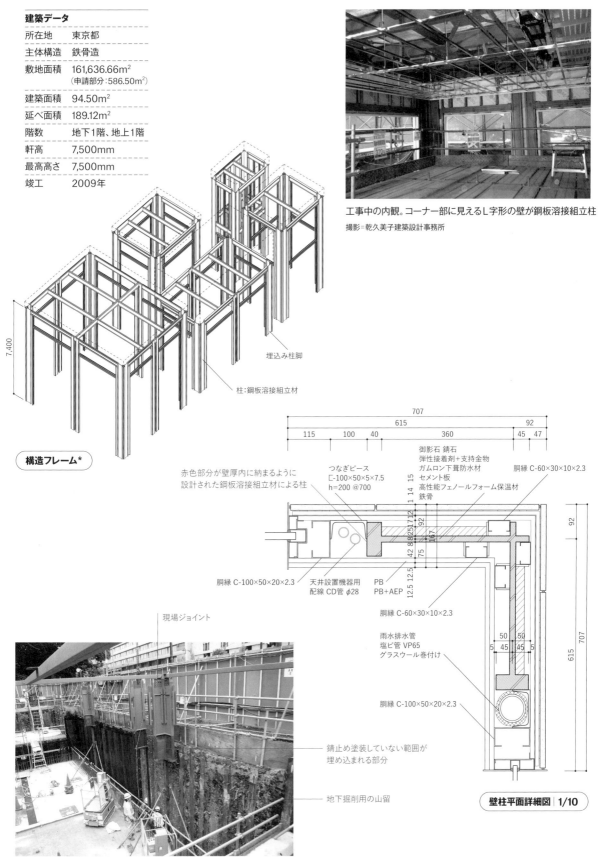

建築データ

所在地	東京都
主体構造	鉄骨造
敷地面積	161,636.66m² （申請部分：586.50m²）
建築面積	94.50m²
延べ面積	189.12m²
階数	地下1階、地上1階
軒高	7,500mm
最高高さ	7,500mm
竣工	2009年

工事中の内観。コーナー部に見えるL字形の壁が鋼板溶接組立柱
撮影=乾久美子建築設計事務所

7,400

埋込み柱脚

柱：鋼板溶接組立材

構造フレーム*

赤色部分が壁厚内に納まるように
設計された鋼板溶接組立材による柱

現場ジョイント

錆止め塗装していない範囲が
埋め込まれる部分

地下掘削用の山留

埋込み柱脚の施工。地下躯体の打設前に、柱脚部がセットされている
撮影=乾久美子建築設計事務所

707
615 92
115 100 40 360 45 47

御影石 錆石
弾性接着剤+支持金物
ガムロン下葺防水材
セメント板
高性能フェノールフォーム保温材
鉄骨

つなぎピース
∟-100×50×5×7.5
h=200 @700

胴縁 C-60×30×10×2.3

胴縁 C-100×50×20×2.3

天井設置機器用
配線 CD管 φ28

PB
PB+AEP

胴縁 C-60×30×10×2.3

雨水排水管
塩ビ管 VP65
グラスウール巻付け

胴縁 C-100×50×20×2.3

50 50
5 45 45 5

615
707
92

壁柱平面詳細図 | 1/10

シトロエン好きの家

鉄骨門形フレームと
キャンチレバー構造による
開放的な空間

■ 設計＝手塚貴晴＋手塚由比／手塚建築研究所
■ 構造＝大野博史／オーノJAPAN

鉄骨造のキャンチレバーによって外壁面を無柱にし、大開口を設けた住宅である。開口部はスチールの引き戸で構成されており、全開することができる。スチールサッシは形鋼を使わず、厚さ2.3mmの鋼板の曲げ物でつくることで軽量化し、戸車への負担を小さくしつつ、開け閉めしやすく工夫されている。

構造は、梁間方向約8m×桁行方向約5.2mの3層門形フレームから、桁行方向の両側にそれぞれ約3.6mの大きな跳出し（キャンチレバー）が設けられた構成となっている。

構造的な観点からこの住宅の平面図を見たときにまず感じることは、そこに現れている構造部材の少なさではないだろうか。両サイドに4本ずつのH形鋼が描かれており、それだけでこの建築物全体が支えられている。この8本の柱は常時の鉛直荷重を支えるだけでなく、地震や風などの水平力に対する抵抗もこれらの柱によって行われている。

木造や壁式RC構造の場合には、水平抵抗要素としてブレースや耐力壁が必要となるため、この住宅の1階や3階のように、外壁にも内部にも視線を遮るものが何もない抜けた空間をつくることは難しい。そのような意味で、本事例の家は鉄骨構造のもつ特長がよく活かされた作品となっている。

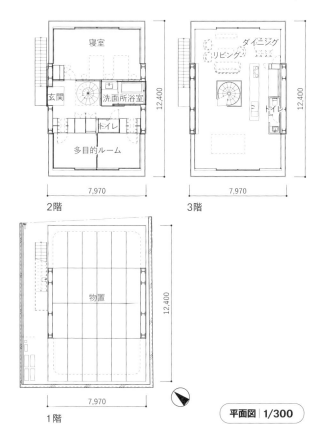

平面図 1/300

大きく跳ね出したキャンチレバーの床と大きな引戸が外観を特徴づけている｜撮影＝新建築社写真部

厚さ2.3mmの鋼板曲げ物によるスチールサッシ。1枚ガラスを用いず、無目で区切ることでガラスを軽量化｜撮影＝新建築社写真部

110

建築データ

所在地	東京都	階数	地上3階
主体構造	鉄骨造	軒高	8,535mm
敷地面積	144.10m²	最高高さ	8,800mm
建築面積	86.25m²	竣工	2016年
延べ面積	257.99m²		

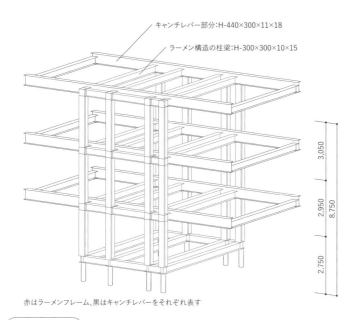

キャンチレバー部分：H-440×300×11×18

ラーメン構造の柱梁：H-300×300×10×15

3,050
2,950
2,750
8,750

赤はラーメンフレーム、黒はキャンチレバーをそれぞれ表す

構造フレーム*

施工中の軸組｜撮影＝手塚建築研究所

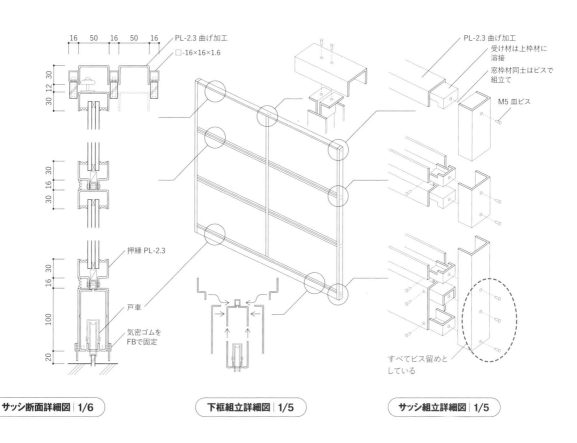

16　50　16　50　16　PL-2.3 曲げ加工

□-16×16×1.6

30　30
30　12

PL-2.3 曲げ加工
受け材は上枠材に
溶接

窓枠材同士はビスで
組立て

M5 皿ビス

30　16　30

押縁 PL-2.3

16　30

戸車

100

気密ゴムを
FBで固定

20

すべてビス留めと
している

サッシ断面詳細図｜1/6　**下框組立詳細図｜1/5**　**サッシ組立詳細図｜1/5**

小高パイオニア ヴィレッジ

あらわしを前提とした鉄骨の意匠

▎ 設計＝藤村龍至／RFA
▎ 構造＝金田充弘（構造計画）、TECTONICA（構造設計）

構造体をほぼあらわしで見せるシンプルなデザインの建物（コワーキングスペースをもつ集会場）である。柱と梁の仕口など、あらゆる鉄骨の接合部のディテールが丁寧に検討され、鉄骨造にありがちなボルトやプレートが乱雑に見えることがなく、すっきりとした内部空間が実現されている。折板屋根を受けるR階の床組は、折板まですべてがあらわしとなることを前提として、水平ブレースがなくても成立するように設計されている。一般的には、コンクリートスラブを採用しない場合は剛床確保のため床面にブレースを入れることがほとんどであるが、本例では角形鋼管の柱梁を剛接合するディテールを考案することによってこれを回避し、すっきりとした天井の見せ方としている。また、1階と2階をつなぐ大階段を、2階の水平力を1階へと伝える主要な耐震要素として設計している点も特徴的である。階段のささら桁は、下階と上階をつなぐ構造材であり、

見方によっては立派なブレースであるが、「階段は2次部材だから」という理由で、ほとんどの場合耐震要素としては扱われない。本事例の構造には、一見してわかるような目新しい派手さはないが、鉄骨造の常識にとらわれない発想で空間に貢献している。

2階からコワーキングスペースの大階段を見下ろす。屋根はデッキプレートをあらわしとした、水平ブレースのないデザイン｜撮影＝RFA

柱梁接合部
撮影＝RFA

要素を削ぎ落としたシンプルなデザインは内外を通じて一貫している｜撮影＝RFA

112

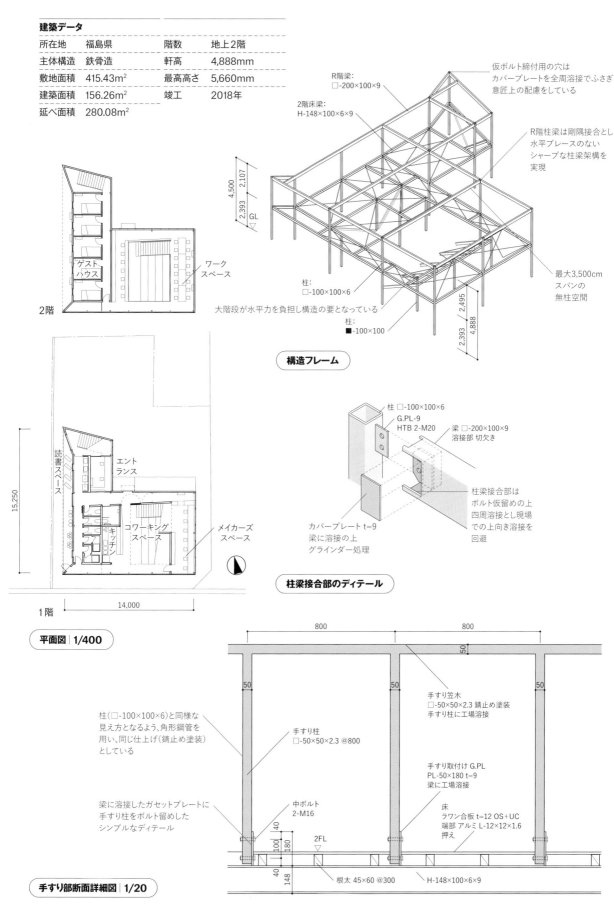

建築データ

所在地	福島県	階数	地上2階
主体構造	鉄骨造	軒高	4,888mm
敷地面積	415.43m²	最高高さ	5,660mm
建築面積	156.26m²	竣工	2018年
延べ面積	280.08m²		

2階

ゲスト
ハウス

ワーク
スペース

1階

読書スペース

エント
ランス

キッチン

コワーキング
スペース

メイカーズ
スペース

15,250

14,000

平面図|1/400

R階梁:
□-200×100×9

2階床梁:
H-148×100×6×9

仮ボルト締付用の穴は
カバープレートを全周溶接でふさぎ
意匠上の配慮をしている

R階柱梁は剛隅接合とし
水平ブレースのない
シャープな柱梁架構を
実現

柱:
□-100×100×6

柱:
■-100×100

大階段が水平力を負担し構造の要となっている

最大3,500cm
スパンの
無柱空間

4,500　2,107
2,393
GL

2,495
4,888
2,393

構造フレーム

柱 □-100×100×6
G.PL-9
HTB 2-M20

梁 □-200×100×9
溶接部 切欠き

柱梁接合部は
ボルト仮留めの上
四周溶接とし現場
での上向き溶接を
回避

カバープレート t=9
梁に溶接の上
グラインダー処理

柱梁接合部のディテール

800　800

50

50　50　50

手すり笠木
□-50×50×2.3 錆止め塗装
手すり柱に工場溶接

柱(□-100×100×6)と同様な
見え方となるよう、角形鋼管を
用い、同じ仕上げ(錆止め塗装)
としている

手すり柱
□-50×50×2.3 @800

手すり取付け G.PL
PL-50×180 t=9
梁に工場溶接

梁に溶接したガセットプレートに
手すり柱をボルト留めした
シンプルなディテール

中ボルト
2-M16

2FL

床
ラワン合板 t=12 OS+UC
端部 アルミ L-12×12×1.6
押え

40　100　180　40　148

根太 45×60 @300

H-148×100×6×9

手すり部断面詳細図|1/20

113

代官山の
引き戸ビル

RCコア・スラブと鉄骨ポスト柱のみで
構成されたシンプルな構造体

■ 設計＝手塚貴晴＋手塚由比／手塚建築研究所
■ 構造＝大野博史／オーノJAPAN

センターコアシステムと外周の鉛直柱、これは20世紀のオフィスビルの典型的な空間システムである。それを極限までシンプルにまとめている事例である。そこにいわゆるオフィスビルの様相は微塵もない。外周に設けられた引き戸と抽象的な構造のディテールが開放性と透明感を生んでいる。

構造は、きわめて単純明快な構成となっている。鉛直部材としては、建物（店舗兼住宅）のほぼ中央に配置されたRCコア（300～450mm厚、RC耐震壁）と建物外周に配置された10本の鉄骨ポスト柱（90mm角、無垢材）のみである。これらの鉛直部材によって厚さ250mmのRCスラブが支持されている。

鉄骨ポスト柱は、その柱頭柱脚接合部も含めて室内にあらわしとされているため、構造安全性だけでなく、美しく洗練された構造ディテールが採用されている。すなわち、無垢材を用いることによって限界まで柱径を絞る一方で、RCスラブとの接合を兼ねたスチール

の厚板（PL-32×200×200）を介して上下階のポスト柱をメタルタッチで接合することによって、構造体がすべてあらわしとされているにもかかわらず、その存在感が極力排除された抽象的ともいえる空間がつくり出されている。

2階客間。細い柱とガラス框の引戸による開放的な空間｜撮影＝新建築社写真部

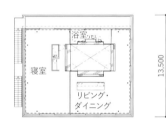

3階

スラブと引戸が軽やかなファサードをつくり出している｜撮影＝新建築社写真部

平面図｜1/500

114

建築データ

所在地	東京都
主体構造	RC造、一部鉄骨造
敷地面積	248.27m²
建築面積	163.51m²
延べ面積	466.36m²
階数	地上3階
軒高	9,080mm
最高高さ	9,200mm
竣工	2011年

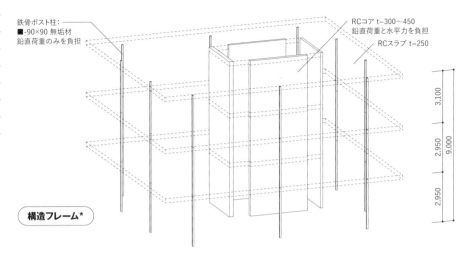

鉄骨ポスト柱:
■-90×90 無垢材
鉛直荷重のみを負担

RCコア t=300～450
鉛直荷重と水平力を負担
RCスラブ t=250

3.100
2.950
9.000
2.950

構造フレーム*

コンクリート打設前にセットされた
鉄骨ポスト柱

配筋検査の様子│撮影=手塚建築研究所

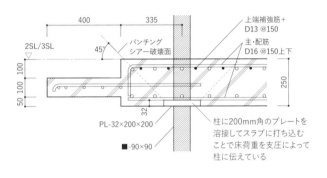

400   335

2SL/3SL

45°
パンチング
シアー破壊面

上端補強筋+
D13 @150

主・配筋
D16 @150上下

50 100 100

250

32

PL-32×200×200

■-90×90

柱に200mm角のプレートを
溶接してスラブに打ち込む
ことで床荷重を支圧によって
柱に伝えている

柱・スラブ取合い部断面詳細図│1/20

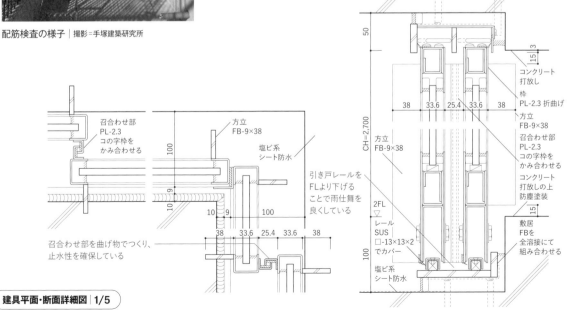

50

15│3

コンクリート
打放し

枠
PL-2.3 折曲げ

38 33.6 25.4 33.6 38

方立
FB-9×38

召合わせ部
PL-2.3
コの字枠を
かみ合わせる

コンクリート
打放しの上
防塵塗装

15

召合わせ部
PL-2.3
コの字枠を
かみ合わせる

方立
FB-9×38

100

CH=2,700

方立
FB-9×38

塩ビ系
シート防水

引き戸レールを
FLより下げる
ことで雨仕舞を
良くしている

2FL

レール
SUS
□-13×13×2
でカバー

100

塩ビ系
シート防水

敷居
FB を
全溶接にて
組み合わせる

10│9

10 9   100

38 33.6 25.4 33.6 38

召合わせ部を曲げ物でつくり、
止水性を確保している

建具平面・断面詳細図│1/5

武蔵小山
アパートメント

複雑にクランクした外壁を
耐震壁として利用する

▌ 設計＝田口知子建築設計事務所
▌ 構造＝佐藤淳構造設計事務所

鉄骨造の特徴として複雑な立体フレームを構成できる側面があり、その特徴を活かした集合住宅である。平面、断面、立面においてヴォイドがうがたれており、そのヴォイドを通して光や風をすべての住戸に届けている。耐震壁を外周部のみに設けることで、内部には鉛直力のみを受ける柱だけが存在し、自由な平面計画が可能になっている。この集合住宅では、通風、採光、視線、動線などの複雑に絡み合った諸問題への解決として、立体的にたたみ込まれた形態となっており、それがファサードおよび構造体にも反映されている。

ファサードは複雑にクランクしながら全体としてひとつながりの形状となっているが、構造上はこの外壁の中にブレースを配置して耐震壁として利用している。このことによって建物内部の柱梁は水平力の負担から解放されるため、すべての梁を小断面材（H-125×

125）で構成することが可能となっている。一般に「耐震壁は上下に連続して設ける」ということが構造計画におけるセオリーとなっているが、この建築では外壁がクランクしているため上下に連続した耐震壁とはなっていない。これについては、実形状に応じてモデル化した立体解析によってクランクした耐震壁内を流れる力を正確に把握することで、構造的な問題を解決している。

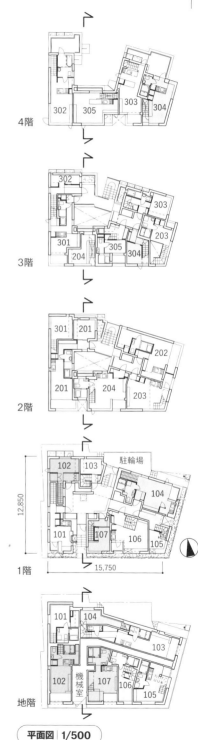

平面図 | 1/500

構造体の形状とファサードが一致しており、一見複雑だが仕組みはシンプルである
撮影＝上田宏

116

建築データ

所在地	東京都
主体構造	鉄骨造
敷地面積	256.95m²
建築面積	189.59m²
延べ面積	712.73m²
階数	地下1階、地上4階
軒高	11,470mm
最高高さ	11,700mm
竣工	2007年

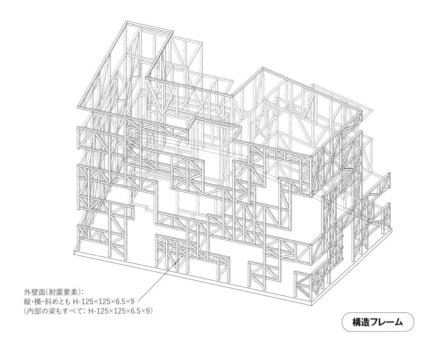

外壁面(耐震要素):
縦・横・斜めとも H-125×125×6.5×9
(内部の梁もすべて: H-125×125×6.5×9)

構造フレーム

色が濃く見える部分は高力ボルトによる現場ジョイント箇所
(摩擦面は錆止め塗装しないため、色が違っている)

施工中の軸組 | 撮影=田口知子建築設計事務所

柱・梁・ブレースともすべてH-125×125×6.5×9で構成された外壁面の
耐震要素 | 撮影=田口知子建築設計事務所

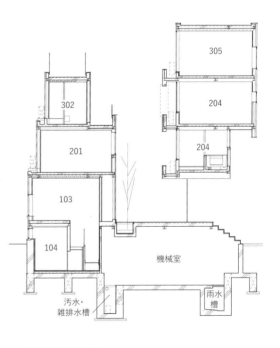

断面図 | 1/200

117

鉄骨造と
規格化の
探求

広瀬鎌二
Kenji Hirose

1922年12月12日–2012年2月7日
日本の建築家。1950-60年代に一連の
鉄骨造独立住宅作品「SHシリーズ」を展開し、
後年は日本の伝統的な木造の構法に注視した
戦後モダニズムの建築家。

池辺陽
Kiyoshi Ikebe

1920年4月8日–1979年2月10日
日本の建築家・工学博士。戦後の住宅史を牽引した建築家。
住宅の工場生産を否定し、
オープンシステムによる生産システムにこだわり、
工業製品を用いた構法開発、部品化、
ユニット化、モジュール研究を進めた。

118

日本において鉄骨造の黎明期を牽引したのは、広瀬鎌二と池辺陽の2人であった。同年代の2人は、高度成長期の初期における人口増加と住宅需要の高まりのなかで、住宅のプレハブ化やモデュラー・コーディネーションに向き合い、建築技術の近代化・合理化を追求する建築家であった。

広瀬鎌二は1950～60年代に一連の鉄骨造独立住宅作品「SHシリーズ」を展開した。SHシリーズは流通している鉄骨部材を使った技術や生産という方向から建築を捉え、鉄のディテールを極限まで突き詰めてつくり出し、質の高い住宅を供給するために、空間構成、架構形式や素材との統

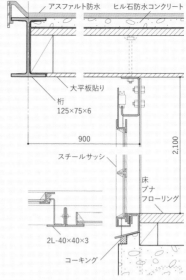

● SH13開口部｜断面詳細図｜1/30｜最小限の部材で構成されたスチールサッシは一切の無駄がない。接合部のボルトはすべて露出されている。

合を通して展開していった。

SHシリーズは一見、ミース・ファン・デル・ローエの作品と似ている。鉄骨フレームの露出、美しいプロポーションの追求、ガラスの多用など、共通点は多い。しかし鉄骨への向き合い方はまったく異なる。ミースが架構のジョイントをすべて溶接で接合し、鉄骨のフレームを徹底的に抽象化したのに対し、広瀬はボルトジョイントを用い、構造形式としてもブレース構造を多く採用した。ミースの鉄骨造がすべてラーメン構造なのと対照的である。

代表作であるSH-1（1953）とSH-13（1957）を見ると、ブレースは外壁面に露出し、レンガやコンクリートブロックの壁の部分でさえブレースが外側に配置され、隠されることがない。接合の痕跡の残らない溶接によって、オブジェクトとしての純粋性を求めるのではなく、組立ての仕組みをそのまま表

● SH13［1957年］｜柱、梁、ブレースといった鉄骨フレームすべてが露出し、そのフレームの中にスチールサッシがはめられるという、シンプルかつ純粋な構成。｜撮影：村沢文雄

出させるという、即物的な鉄骨の扱い、そして建築の生産ということに対する広瀬の姿勢がここに現れている。

現場溶接は施工に技術や精度管理が必要であり、汎用性に乏しい。それに対してボルトジョイントは、現場での建て方が容易なため、汎用性が高い。さらにはブレースを用いて接合部をピン接合とすることで、ボルトの量も減らすことができ、鉄骨自体の断面サイズも小さくできるため、一般流通材の使用が可能になるとともに、運搬性も高くなる。その後のSH-30（1960）では、ラーメン構造も採用されているが、どちらが広瀬の理想の構造システムであったのだろうか。

池辺陽は、広瀬に比べるとより多彩な作品を残している。構造も鉄骨造だけではなく、RC造や木造も多い。戦時中は戦時用工場生産住宅の試作に従事していたが、終戦直後から日本における住宅問題に着目し、機能主義による都市住宅のプロトタイプである「立体最小限住宅」を1950年に提案した。「住まいの内部は生活がつくるもの」「住宅は技術的、経済的プロセスだけではつくれない」として住宅の工場生産を否定し、戸建て住宅を対象としたオープンシステムによる生産にこだわり、工業製品を用いた構法開発、部品化、ユニット化、モジュール研究を進めていった。それを実際に適用して設計した、住宅ナンバーシリーズはNo.95（1945年のNo.0から1978年のNo.95までの約30年間）まで続くことになった。活動の領域は広く、家具のデザインからロケットセンター（東大宇宙空間観測所）の設計にまで及んでいる。

住宅においては、池辺は初期にはあまり鉄骨造を用いていない。初めて鉄骨造を採用したのは、No.28であり、それも施主がサッシ工場関係者だったという理由からであり、池辺自身コストや耐火性から鉄骨造の住宅には疑問をいだいていた（『新建築』1955年11月号）。しかし、60年代の後半（No.80以降）から鉄骨造の住宅が目立つ。No.80（1967）からNo.95（1978）までのうち、10軒が鉄骨造である。これは、外壁材としてALCが日本に導入されたことと関係があるのではないかと思われる。ALCの生産が開始されたのが1963年、

● No.86［設計：池辺陽、1973年］柱は溝形鋼を合わせて、角形鋼管として使用している。屋根は折板で軒板はフレキシブルボードである。｜写真：岡本茂男

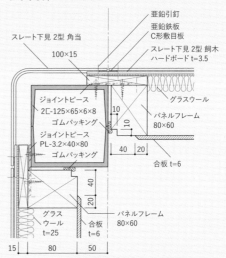

● No.86 ｜出隅部平面詳細 ｜1/6 ｜柱は溝形鋼を向かい合わせに2本合わせ、溶接して組み立てた角形断面である。閉断面とすることで、座屈に強く柱を細くできる。

ALC協会が発足したのが1965年である。池辺の鉄骨造の住宅では、ほとんどにALCが採用されているのである。ALCによって規格化が可能になったのである。ALCは壁だけでなく、床や屋根にも使用できることが特徴である。No.90（1970）では、外壁・床・屋根のすべてにALCが使用された。加えてALCの熱遮断性の高さにも池辺は注目している。住宅における省エネルギーをすでに70年代に唱えていた。池辺だけでなく、広瀬も環境問題への意識が高かったことは注目に値する。

● 参考文献『建築文化』1973年2月号、彰国社

119

蘆田暢人 | あしだ・まさと

1975年	京都府生まれ
1998年	京都大学工学部建築学科卒業
2001年	京都大学大学院工学研究科 建築学専攻修士課程修了
2001–11年	内藤廣建築設計事務所
2012年	蘆田暢人建築設計事務所を設立
2012年	ENERGY MEETを設立
2018年	Future Research Instituteを設立
現在に至る	千葉大学非常勤講師 一級建築士

［主な設計作品］

「折板屋根の家」(2016)

「キールハウス」(2017)

「ryugon」(2019)

「葛飾の趣居」(2020)

「世田谷の浮居」(2021)

「松之山温泉景観整備計画」

など多数

［主な著作］

「アーキテクトプラス "設計周辺" を巻き込む」
（共著、ユウブックス、2019年）

• Chapter 2は村田、Chapter 3とコラムは蘆田が執筆した。
Chapter 1、4は共同執筆とした。
Chapter 4の「構造フレーム」は＊印のある図は
村田が作図した。

村田龍馬 | むらた・りょうま

1978年	兵庫県生まれ
2001年	京都大学工学部情報学科卒業
2003年	京都大学工学部建築学科卒業
2003–07年	高松伸建築設計事務所
2007–14年	川口衞構造設計事務所
2014年	村田龍馬設計所を設立
2017年	東京大学大学院 農学生命科学研究科 生物材料科学専攻 修士課程(木造建築コース)修了
現在に至る	京都芸術大学、千葉工業大学非常勤講師 一級建築士、構造設計一級建築士

［主な設計作品(構造設計)］

「折板屋根の家」(2016 / 意匠設計：蘆田暢人建築設計事務所)

「菜根こども園」(2017 / 意匠設計：辺見設計)

「キールハウス」(2017 / 意匠設計：蘆田暢人建築設計事務所)

「高津の家」(2020 / 意匠設計：後藤組設計室)

「葛飾の趣居」(2020 / 意匠設計：蘆田暢人建築設計事務所)

「妙高市テレワーク研修交流施設」
(2022 / 意匠設計：荻原雅史建築設計事務所)

など多数

［主な著作］

「構造設計を仕事にする：思考と技術・独立と働き方」
（共著、学芸出版社、2019年）

住宅スケールからの
小規模鉄骨造のデザイン　意匠と構造を同時に考える
2023年2月10日　第1版　発　行

著　者　蘆　田　暢　人・村　田　龍　馬

発行者　下　出　雅　徳

発行所　株 式 会 社　彰　国　社

162-0067　東京都新宿区富久町8-21

電　話　03-3359-3231(大代表)

振替口座　00160-2-173401

著作権者との協定により検印省略

自然科学書協会会員
工学書協会会員

Printed in Japan

© 蘆田暢人・村田龍馬　2023年

印刷：壮光舎印刷　製本：誠幸堂

ISBN 978-4-395-32188-9　C3052　　https://www.shokokusha.co.jp